KB235350

탄생의 영광

법상 박성기

불교시대사

탄생의 영광

초판 인쇄 2011년 1월 15일
초판 발행 2011년 1월 20일

지은이 박생기
펴낸이 이규만
펴낸곳 불교시대사
교   정 임동민
디자인 서진
등록일자 1991년 3월 20일
등록번호 제300-1991-27호
주   소 (우)110-320 서울시 종로구 낙원동 58-1 종로오피스텔 1020호
전   화 02-730-2500, 725-2800
팩   스 02-723-5961

ISBN 978-89-8002-124-6 93220

머리말

우리는 탄생과 죽음의 순환 속에서 매일 매일 살아갑니다.

흔히 윤회한다고 말하지간, 윤회는 꼭 죽음과 탄생의 반복 속에서 일어나는 것만은 아닙니다. 윤회는 묶여 있는 상태를 의미하는 것이고, 해탈은 그와 반대로 묶인 상태나 속박된 상태에서 벗어나는 것을 의미합니다.

삶 속에서 같은 잘못을 계속 저지르며 그것에 묶여 마음이 괴롭다면 살아 있는 동안에도 계속 윤회를 경험하고 있는 것이나 다름없습니다. 반면에 자신의 잘못을 과감하게 끊고 속박으로부터 풀려난 사람은 해탈을 얻게 됩니다.

윤회란 우리의 일상 속에서 끊임없이 이어지는 괴로운 현상입니다. 윤회의 원인은 잘못한 업과 고통 때문인데, 그 고통의 원인이 제거되고 새로운 업을 짓지 않으면 고통이 사라지고 속박에서 벗어나게 됩니다.

우리 삶에는 고통이란 지뢰가 곳곳에 숨어 있습니다. 욕망, 증오, 자만, 바르지 않은 견해가 바로 그 고통이란 지뢰의 뇌관입니다. 뇌관을 제거하면 폭발하지 않는 것처럼 욕망과 증오심, 자만심, 잘못된 견해들을 제거하면 삶은 한결 편안해질 것입니다.

우리는 죽음과 탄생을 매일매일 겪으며 살아갑니다.
이것은 생명의 문제뿐만 아니라 우리의 기억과 삶 속에서도 계속됩니다. 만약 과거의 어떤 행동과 그 결과가 기억에서 사라지고 기억 속에 내장될 그 어떤 내용도 없다면 우리의 삶은 탄생과 죽음으로의 윤회가 없을 것입니다. 따라서 순간순간의 삶을 올바로 관찰하고 매순간의 기억에서 죽음으로써 현재가 곧 영원이며 극락이 바로 우리가 사는 곳입니다.

과거의 기억에서 철저히 죽을 때 그것이 진정으로 죽는 것이며, 그렇게 할 때 그것이 곧 참으로 사는 것입니다. 그것은 바로 지금 이 순간을 소중히 여기고, 새롭게 열심히 살아야 하는 이유입니다.

우리가 죽어서 무엇으로 다시 태어난다는 것은 분명 축복입니다. 불교에서는 다시 태어나는 것을 윤회 또는 환생이라고 합니다. 이 윤회의 법칙은 "콩 심은 데 콩 나고 팥 심은 데 팥 난다."는 것과 같습니다. 같은 물이라도 소가 마시면 우유가 되고, 뱀이 마시면 독이 된다는 말도 같은 말입니다. 선한 씨앗을 심으면 선한 열매를 맺는 것은 당연한 이치입니다.

이 책은 1, 2부로 구성되어 있습니다.
제1부는 생명의 탄생과 우리의 삶을 윤리적 바탕 위에서 살펴보고, 공사상으로 마음의 정체를 밝혀 해탈에 이르는 길을 찾아보고, 제2부는 불교의 육도윤회 사상과 영가천도를 살펴봄으로써 삶과 죽음, 산 자와 죽은 자, 즉 태어나서 죽음에 이르기까지를 고

찰해 보았습니다.

생명의 탄생과 그 영광에 대해서 쉽게 이해할 수 있도록 하기 위해 가급적 불교전문 용어와 한자는 피하고 문답 형식으로 설명해 보았습니다.

불교는 마음을 깨닫는 종교로서 간단히 설명하면 마음이 부처요, 길게 설명하면 삼라만상이 다 부처이므로 부처는 가까이 있으면서도 멀리 있고, 멀리 있으면서도 가까이 있습니다. 이처럼 부처를 만물에 비유하여 설명하다보니, 때로는 비슷비슷한 설명으로 중복이 되는 곳이 많으니 이 점 양해해 주시기 바랍니다.

끝으로 이 책이 나오기까지 항상 옆에서 든든한 후원자 역할을 해준 가족들에게 감사드립니다.

차례

스승과 선재

선생님 안녕하십니까?

어머니에게 들으니 한약방에 손님이 많다고 하시던데, 바쁘시지요. 좀 쉬시면서 하세요. 그동안 제가 멀리 있다 보니 선생님을 자주 찾아뵙지 못해 죄송합니다.

선재, 자네가 웬일인가?

오늘은 휴일도 아닌데 먼 곳에서 집에 온 걸 보니 어머니가 많이 아픈 모양이구먼! 며칠 전에 자네 어머니가 기침을 심하게 하시던데 좀 어떠하신가?

자네 어머니는 나이가 많으시니 노병이야! 어머니를 잘 모시게! 선재, 자네가 없으니 어머니 몸이 더 약해지셨어! 어머니가 혼자 계시다 죽으면 어떨까 하고 걱정이야! 나이를 먹으면 누구나 죽는 것이 걱정이라네. 선재, 자네 결혼한 지가 얼마나 되었는가?

해를 넘기고 새해가 되었으니 4년이 되었습니다.

벌써 4년이 되었구먼, 그래. 아직 소식이 없는가? 자네 어머니는 손자 보는 것이 소원인데 아직 소식이 없으니 어머니 걱정이 얼마나 크겠는가?

예, 선생님. 생각하면 어머님에게 큰 불효를 하고 있는 죄인입니다. 어머니를 뵐 면목이 없습니다. 못난 놈이 어머니를 걱정시키고, 선생님 뵙기에도 부끄럽습니다.

너무 걱정 말게. 자네 어머니 공덕이 어디 가겠는가?
지성이면 감천이라 했으니, 자네 어머니 공덕을 봐서라도 머지 않아 좋은 소식이 있겠지.
이 세상에는 근심, 걱정 없는 사람은 아무도 없다네.
따지고 보면 거기서 거기야. 한 꺼풀 벗고 보면 사람은 다 같다네. 모두 감추고 있을 뿐이지.
사람의 번지르르한 껍질 속에는 온갖 오물이 다 들어 있어. 똥과 오줌, 가래, 피고름 등이 사람을 고통스럽게 하고, 그것 때문에 사람은 사는 것이 고통이라네.

예, 선생님. 건강은 어떠세요? 이제 무리하시지 말고 몸을 보살피세요. 요즈음도 절에 자주 가시지요?

아닐세! 요즈음은 나 혼자 가끔씩 보덕암에 가서 노스님과 법담을 나누고 차를 얻어 마시고 산책을 한다네.

이제부터 선생님을 제가 모시겠습니다. 이제 직장에 가지 않고 집에서 어머니를 모시기로 했습니다.

봄이 되어 날씨도 따뜻하고 어더니 몸도 많이 회복되었으니 지난번처럼 불교에 대해 말씀해주세요.

말만 들어도 고맙네. 아므튼 선재, 자네 같은 벗이 내 옆에 있으니 나는 행복하네 그려.

선재는 직장에 다니면서도 집에 오면 이 늙은이에게 인사를 하였다. 선재는 40살 먹은 가장으로서 결혼한 지 4년이 되었으나 자식을 얻지 못했다. 선재네는 손이 귀한 집안이다.

선재 역시 3대 독자 외아들이다. 외아들이 자식을 낳지 못하니 선재 어머니는 밤낮으로 걱정이다. 선재는 어머니를 홀로 두고 직장생활을 하였으나 어머니 몸이 아프다는 소식을 듣고 직장을 접고 집으로 돌아온 효자이다.

살림은 궁색하지 않아 의식주 걱정은 없다.

선재 어머니는 독실한 불교 신자로서 선재 역시 어릴 때부터 어머니를 따라 절에 다니며, 스님들의 법문을 듣고 불경을 보며 불교 지식을 갖춘 젊은이로서 이 늙은이와 나이는 30여 살 차이가 있지만, 불교를 통한 둘도 없는 좋은 도반이다.

선재는 시간이 있을 때마다 이 늙은이를 자주 찾아 주었다. 선재와 나는 절에 같이 다녔고, 선재는 많은 것을 알고자 했다. 선재는 질문하기를 좋아했고 나는 그의 질문에 답해 주었다. 누구나 좋은 벗은 나이와는 상관없이 서로 뜻이 맞고 의사가 통하면 된다. 특히 선재는 이 늙은이에게 좋은 벗이 되어 주었다.

시간이 있을 때마다 절에도 가고 산책도 하고 법담을 나누며 시

간가는 줄도 모르고 법문에 빠지는 날이 많았다. 겨울이 가고 봄
이 되었다.

　선생님 오래전부터 생명에 대해 궁금했습니다. 생명에 대해 자세
히 설명해 주시기 바랍니다.

1부

생명의 탄생

생명의 탄생

“ 생명은 어디로부터 와서 어디로 가는지요? 생명은 사람의 생명뿐만 아니라 수많은 생명이 있습니다. 생명에 대해 자세히 설명해 주시기 바랍니다. ”

“ 생명은 오는 것도 무명에서 오고 가는 것도 무명으로 가니 생명처럼 아름답고 고귀한 것은 없다. 인간의 생명도 하나요, 미물의 생명도 하나이다. 하나밖에 없으므로 생명을 얻는 것이 탄생의 영광이다. ”

생명은 호흡·체온·의식, 이 세 요소가 결합하고 있을 때 살아 있는 것이다.

사람의 생명뿐만 아니라 중생계의 모든 생명과 자연의 초목이라 할지라도 생명이 있고 불성이 있다고 하였다.

사물의 중요한 부분을 생명이라 하고, 한 작품이 생생하게 살아 있는 것처럼 느껴지는 예술적 매력을 생명이라 하고, 풀 한 포기 나무 하나도 생명이다.

생명은 이것뿐만 아니라 눈에 보이지 않는 미생물에게도 수없이 많이 있다. 그 생명은 과학적으로 증명하는 DNA의 직접생명이 있고, 과학으로는 설명할 수 없는 의식의 간접생명이 있다. DNA의 직접생명은 다음과 같다.

현대 과학자들이 연구한 바에 의하면 최초의 생명은 핵의 분자를 생명의 원소로 보고 있다.

별이 부서져 흩어지고 먼지가 나고, 그 핵의 변화로 천둥·번개·비·바람 등에 의하여 수소·산소·이산화탄소·아미노산·단백질·탄수화물 등이 태양의 에너지를 얻어 변화함으로써 생명의 원시 세포인 DNA가 만들어졌을 것으로 보고 있다.

지구상에 현존하는 생명체는 약 5억 종에 이르고 하루에도 수많은 생명이 탄생하고 멸종한다고 하였다.

최초의 생명체는 바다의 산호초로 보고 있다.

이 생명은 미국의 생명공학 과학자들이 '게놈'이라는 DNA의 지도를 완성하여 약 98%는 밝혀졌다. 남은 2%의 수수께끼가 밝혀질까 하는 것은 숙제가 아닐 수 없다. 이것이 과학자들이 밝힌 DNA의 생명이요, 의식의 생명은 다음과 같다.

종교는 의식의 간접생명을 여러 가지로 설명하고 있다.

기독교의 생명 이론은 흙으로 각각 그 형상을 만들어 하나님께서 코에다 생기를 불어넣어 줌으로써 생명이 되었다는 이론을 밝히고 있다.

불교에서 몸을 이루는 것은 지(地)·수(水)·화(火)·풍(風) 4대 물질(物質)이요, 생명을 이루는 것은 오온(五蘊)의 수(受)·상(想)·행(行)·식(識)이다. 지·수·화·풍이 화합하여 몸이 되고, 수·상·행·식이 화합하여 생명이 되었다.

생명은 난생(卵生)·태생(胎生)·습생(濕生)·화생(化生)이다. 알에서 태어나고, 태에서 태어나고, 습기에서 태어나고, 변화해서 태어난다.

사람은 흙에서 몸을 얻으니 몸이 단단하고, 물에서 혈과 수분을 얻으니 몸 구석구석에 흐르지 않는 곳이 없고, 태양에서 따뜻한 기운을 얻으니 온 몸이 따뜻하고, 바람에서 기운을 얻으니 온 몸은 힘으로 뭉쳐 있다.

생명은 우주의 기를 한 데 모은 복합체이다. 흙의 기를 모으고 물의 기를 모으고 불의 기를 모으고 바람의 기를 모아 육체를 만들고 생각하고 느끼고 의식하는 영령이 모여 생명이란 아름다운 복합체를 만들었다.

불교의 간접생명은 의식의 생명으로서 자연의 원리에 의해 설명하고 있으므로 조금도 부족함이 없다고 하느니라.

예, 선생님. 생명의 신비를 살펴보면 우주에서 지구가 탄생하고 DNA는 생명을 탄생시켰습니다.

과학자들은 생명을 DNA의 직접생명을 과학의 입장에서 정의하고 불교에서는 간접생명인 의식의 생명을 종교의 입장에서 정의했습니다. 과학자들의 생명론은 핵의 산물이요, 불교의 생명론은 신의 피조물로서 생명은 영원하다고 하였으니 생명은 신비하여 탄생의 영광이라 했군요.

탄생의 영광

66 생명의 탄생처럼 아름다운 것은 없습니다. 수많은 생명 중의 사람으로 태어난 것이 기쁨입니다. 탄생의 영광에 대해 설명해 주시기 바랍니다. 99

66 생명이 사람의 몸을 선택하여 태어난 것은 사람은 생명 중의 왕으로서 만물을 지배하고 있다. 사람으로 태어난 것은 전생에서 많은 복을 지어 여섯 길 중 사람의 길로 태어났으니 하늘에는 기쁨이요, 땅에서는 영광이다. 사람은 부처의 종자로 태어나 부처가 될 수 있으므로 영광이라 하느니라. 99

생명은 사람으로 태어나기 어렵고 사람으로 태어나더라도 불법을 만나기 어렵고 불법을 만나도 그 법을 실천하기는 더욱 어렵다.

불법은 위로는 공경하고 아래로는 사랑이다.

나만 구원하는 것이 아니라 자비를 베풀어 이웃을 구원하기 위해 사람으로 태어났다.

생명 중의 학문을 배우고 윤리를 배우고 마음 법을 깨달아 해탈할 수 있는 생명은 사람 외에는 없다.

사람은 만물을 다스릴 수 있고 자신의 구원뿐만 아니라 이웃을 구원하는 것이 사람이다.

사람은 수많은 생명 중의 이성을 가지고 태어났으니 사악한 마음과 이기심을 버려야한다.

선은 사람의 삶이요, 악은 동물의 삶이다.

다 같은 생명으로 태어났으나 사람은 이성이라는 덕을 가지고 태어났으니 이성은 윤리의 근본이다.

즉 이성은 진리의 근본이요, 윤리의 근본이요, 사람의 근본이다.

이성을 가지고 태어났으니 이성으로 사는 것이 사람이다.

사람은 윤리로 살고 믿음으로 살고 의리로 살고 정으로 살고 사랑으로 사는 것이다.

사랑이 없으면 동물이다.

동물은 자신의 생명을 유지하기 위해 먹이에 의존하고, 사람은 윤리로 더불어 살기 위해 고육을 받고 학문을 배우고 윤리를 익히고 신을 섬기고 종교를 믿는다.

인간의 사악한 동물의 습성을 버리기 위해 진리의 법을 실천하려고 노력하고 있다.

사랑을 나누고 정을 나누며 살고 있으니 사람으로 태어난 자체만으로도 하늘에는 기쁨이요, 땅에서는 영광이다.

사람은 생명 중의 왕으로서 어느 생명보다 영리하다.

느낌·생각·의식이 발달하여 선악을 구분하고 윤리를 따라 예절을 익히는 것이 사람이니 생명 중의 왕이요, 왕 중의 왕이다. 다 같은 생명으로 태어났으나 사랑·윤리·정의를 부여받고 태어난 것이 사람이다.

사랑·윤리·정의는 신의 성품이요, 부처의 성품이다.

인간은 태어나면서 부처의 종자로 태어났고, 부처의 종자는 부처가 될 수 있으니 기쁨이 아닐 수 없다.

　　자비를 베풀어라.
　　나누워 가져라.
　　예로서 존경하라.
　　의롭게 살아라.
　　사랑을 나누어라.

　사람은 태어나면서부터 불성을 가지고 태어났다.
　불성은 수정보다 맑고 거울보다 깨끗한 성품으로서 그 무엇으로도 더럽힐 수 없다. 악마도 더럽힐 수 없고 마귀도 더럽힐 수 없고 어떠한 조작으로도 더럽힐 수 없다.
　인간은 태어날 때 깨끗한 성품을 가지고 태어났으므로 그 성품을 더럽히지 마라.

　　아침의 태양 우주를 밝히고,
　　탄생의 영과 마음을 밝히고,
　　마음의 등불 영원히 밝혀라.

　예, 선생님. 사람은 수많은 생명 중의 이성이라는 깨끗한 불성을 가지고 사람으로 태어났으니 생명 중의 왕이요, 왕 중의 왕입니다.
　사람으로 태어난 것이 기쁨이요 영광이므로 부처님께서 태어나시면서 "천상천하 유아독존" 이라 외치셨군요.

천상천하 유아독존

　　석가모니 부처님께서 태어나시면서 "천상천하 유아독존" 이라 외치셨습니다. 이를 두고 석가도니 부처님 자신만을 위한 외침 이라 비평하고 있습니다. 이에 대해 자세히 설명해 주시기 바랍 니다.

　　고귀한 생명은 신의 축복을 받고 부모의 사랑을 받고 탄생의 영광을 한 몸에 받으며, 이 세상에 태어났으니 나 없는 세상은 아무것도 없다. 인간은 수많은 생명 중의 사람으로 태어났으니 탄생의 영광은 어떤 것과도 비교할 수 없는 기쁨이요 영광이므 로 부처님께서 사람으로 태어난 것을 크게 극찬하시고 찬미하 며 '천상천하 유아독존' 이라고 외치셨다.

　　석가모니 부처님께서 터어나시면서 바로 일어나 신당수(神堂水) 에 목욕하고 동서남북 4방을 7보씩 걷고 한 손은 하늘을 가리키고 한 손은 땅을 가리키면서 다음과 같이 큰 함성으로 외치셨다.

　　천상천하(天上天下) 유아독존(唯我獨尊)
　　일체개고(一切皆苦) 아당안지(我當安之)

하늘 아래에서나 땅 위에서나 내가 가장 존귀하니 내가 고통 받

는 중생계를 구원하리라 하시고 사람으로 태어난 것을 크게 극찬하
시고 찬미하셨다. 이 말씀은 중생계를 구원하시겠다는 선언이시다.

생명을 구원하고,
중생을 구원하고,
삼계를 구원하네.

태양의 밝은 빛은 우주를 구원한다. 생명이든 아니든 자연계에
있는 것들에게 무한한 자비를 베풀면서도 보상을 바라지 않는다.
자연의 어떤 것도 차별하지 않고 무한한 자비를 베풀어 생명들이
살아가게 한다.

부처님 역시 어떤 것도 차별하지 않는다.

어느 지역에 살든 어떤 사람이든 백인이든 흑인이든 부자든 가
난하든 사람이든 동물이든 자연의 그 어떤 것도 차별하지 않고 중
생계를 구원하시겠다는 선언이시다.

부처님 성품은 사랑 · 윤리 · 정의이다.

자신의 성품을 중생계에 널리 알려 인간의 사악한 마음을 순화
시켜 자비의 싹이 자라게 하여 자비의 마음으로 서로 사랑하면 중
생계는 구원을 받을 수 있다는 말씀이시다.

나는 너를 사랑하고 너는 나를 사랑하고 자연의 풀 한 포기 꽃
한 송이를 서로 사랑하면 자연스럽게 사랑의 공동체가 이루어져
삼계는 모두 구원받을 수 있다는 뜻에서 부처님은 "천상천하 유아
독존"이라고 외치셨다.

학은 오래 산다고 하지만, 그는 자신이 살기 위해 남의 생명을
먹이로 하여 살아가니 구원받지 못한다. 학이 사람으로 태어나려

면 수억 겁을 지나야 사람으로 태어난다.

사람은 자신뿐만 아니라 중생계의 모든 생명을 구원하므로 사람은 수많은 생명 중의 왕이라 하느니라.

인간은 태어나면서 우주의 한 생명이요, 자연의 한 생명이요, 지상의 한 생명이다.

원효와 간디는 "아이를 잉태하건 우주가 잉태하고 아이가 태어나면 우주가 열린다."고 하였다.

내가 태어남으로써 우주가 열리고 땅이 펼쳐졌으니, 기쁨이 아닐 수 없고 영광이 아닐 수 없다.

내가 태어남으로써 상대가 있으니 나 없는 세상은 아무것도 없으니 나를 빼놓고 무엇을 세상이라 하고, 진리라 하고, 깨달음이라 할 것인가? 무량광대한 참 보배가 나로부터 태어났으니 탄생의 영광은 크고 넓어서 그 어떤 것과도 비교할 수 없는 영광이다.

인간은 참으로 존귀하고 거룩한 생명이다.

이 존귀한 생명이 사람으로 태어났으나 사람구실을 하지 못하는 사람들도 적지 않다. 자신의 생명은 귀하게 여기면서 남의 생명은 귀하게 여기지 않는다.

살인을 하고 살생하고 생명을 가엾이 여기지 않고 도둑질을 하고 간음하고 시샘하고 탐욕을 부린다.

이기심의 극치요, 사악함의 극치이다.

겉모습은 사람이요, 속은 짐승이다. 사람인 듯하다가도 짐승이요, 짐승인 듯하다가도 사람이다.

이런 사악한 중생들을 구원하기 위해 사람으로 태어나셨으니 그것이 기쁨이요 영광이란 뜻에서 큰 함성으로 "천상천하 유아독존"이라 외치신 것이다.

예, 선생님. 생명은 정말 고귀하고 존귀합니다.

더욱 사람으로 태어난 것이 기쁨이요, 영광이라 해도 조금도 손색이 없습니다.

사람은 서로 더불어 살기 위해 자비를 베풀고 마음을 나누고 정을 나누고 물질을 나누며 살고 있지만, 사람 구실을 하지 못하는 자들이 있어 그들을 구원하기 위해 이 세상에 오셨다는 뜻으로 "천상천하 유아독존"이라 외치셨군요.

선생님과 저는 사람으로 태어났으니 기쁨이요, 영광입니다. 동물과 미물들은 사람으로 태어나려면 수 억겁을 지나야 태어나겠군요.

저는 사람으로 태어났으나 사람 구실을 하지 못하고 있습니다. 홀로 계신 어머니를 편안히 모시지도 못하고 있으니 어머니 뵙기에 죄송스럽고 선생님 뵙기에도 부끄럽습니다.

선생님 말씀처럼 사람으로 태어났으니 사람답게 사는 것이 도리인데, 저는 제 앞가림도 가리지 못하고 있으니 참으로 못난 놈이 들어서 여러 사람을 걱정시키고 있습니다.

너무 걱정 말게! 선재 자네야말로 사람으로 태어났으니 사람답게 살려고 노력하고 있지 않는가?

우리는 부처님 가르침을 실천하려고 노력하고 있으니 이보다 더 무엇이 있겠는가?

어머니를 공경하고 아내를 사랑하고 이웃을 사랑하다 보면 자연스럽게 불보살의 가피를 입어 모든 것이 다 이루어질 것이니 항상 부처님 은혜에 감사하고 자비를 실천하다 보면 다 이루어질 것이니 너무 걱정말게.

예, 선생님. 잘 알았습니다.

이성은 인간의 근본이지만, 자신의 본성을 잊어버리고 사악하게 사는 인간들이 적지 않으므로 사랑·윤리·정의의 진리로 일체중생을 구원하기 위해 오셨군요. 이성의 근본인 사랑·윤리·정의를 실천하면 모두 구원 받겠습니다.

이성과 불성

공자님은 "천명지위성(天命之謂性)"이라고 하였다.

인간은 태어날 때 부여받은 것이 성(性)이고, 그에 따르는 것이 도(道)이고, 도를 매듭 하는 것이 교(教)라 하였다.

이성은 윤리의 근본이다.

인(仁)·의(義)·예(禮)·지(智)·신(信)이다.

인자한 마음으로 자비를 베풀고, 의롭게 불의와 타협하지 않고 정의를 실천하고, 예의로서 위로는 어른을 공경하고 아래로는 사랑을 나누고, 지혜롭고 바르게 행하고, 신의를 가지고 믿음을 바탕으로 서로 존경하면 자연히 인간성이 회복된다. 인간성을 회복하기 위해 이성을 가진 사람은 윤리와 예의로서 더불어 살고 있다.

칸트는 '사람과 동물의 차이는 이성과 비이성의 차이'라고 했다. 이성을 논쟁하는 것이 형이상학이요, 형이상학은 학문의 어머니이며, 여왕이라고 했다.

이성은 사람이요, 비이성은 동물이다.

사람과 동물의 차이는 이성과 비이성이라 했으니 윤리관이 없고 도덕관이 없고 예의범절이 없다면 그것은 분명히 사람이 아니라 동물이다.

사람은 사랑·윤리·정의라는 불성을 가지고 태어났으므로 자기 사랑이 아니라 이웃 사랑으로 자비를 베풀고 도덕의 윤리에 따라 사리에 맞게 행동해야 한다.

이성과 불성은 살아있는 사람의 의식이요, 삼라만상이 다 불성이라 하는 것은 자비의 성품이다.

자연에 있는 풀 한 포기 나무 하나 꽃 한 송이 아름다운 것이 불성이니 자연의 사물을 보는 것마다 아름답게 보고 자비의 생명을 불어넣어 자비가 자라나게 해야 한다.

자비는 부처의 성품으로서 보는 것마다 아름답게 보고 자비의 생명을 불어넣으면, 보는 것마다 부처로 보인다.

이성을 가진 사람이 아름다운 자비의 성품을 불어넣지 못한 사람은 고려청자가 집에 있어도 아름다운 성품을 보지 못하고 한낱 그릇으로 보는 사람들이다. 그들은 자신의 마음속에 있는 불성을 보지 못한 사람이다.

이성은 양심이요, 양심은 이성이다.

양심은 신이 보낸 사자이다.

인간은 양심이라는 사자를 속일 수 없다.

마음은 속일 수 있어도 양심이라는 사자를 속일 수 없으므로 괴로워하고 있다. 신이 보낸 양심이라는 사자가 없었더라면 그야말로 금수이다.

이성은 양심이니 양심대로 행하고 있는지 다시 보아라.

양심대로 행하는 것은 이성의 삶이요, 양심을 잊어버리고 사는 것은 비이성의 삶이다.

이성을 찾는 것은 긍정과 부정이다.

이성과 비이성이 한 마음에 있고 선악이 한 마음에 있고 부처와 중생이 한 마음에 있으니 보는 것마다 긍정적으로 보면 보는 것마다 좋게 보이고 보는 것마다 부정적으로 보면 보는 것마다 나쁘게 보인다. 보는 것마다 아름답게 보고 자비의 생명력을 불어넣고, 사랑의 생명을 불어넣으면 보는 것마다 아름답게 보이고, 보는 것마다 다 부처로 보이는 것이다.

예, 선생님. 잘 알았습니다.

다 같은 생명이라도 사람은 이성이 있고 동물은 이성이 없습니다. 이성이 있으니 사람이요 이성이 없으면 동물이지만, 한번 태어난 생명은 삶이라는 본능을 가지고 있습니다.

삶은 생명의 본능

“ 한번 태어난 생명은 사는 것이 목적입니다. 사람이든 동물이든 사는 것은 차이가 없습니다. 그 삶을 위해 일을 하고 경쟁하며 아귀다툼을 벌이고 있습니다. 그 삶에 대해 자세히 설명해 주시기 바랍니다. ”

“ 사람은 먹기 위해 사는 것이 아니라 살기 위해 먹는다. 살기 위해 먹어야 하고, 입어야 하고, 일을 해야 하고, 더 잘 살기 위해 학문을 배우고 윤리로서 살고 있다. 그 삶을 위해 사람들은 아귀다툼을 벌린다. ”

법왕께서는 모든 중생(衆生)들은 다 같이 은혜를 입고 산다고 하셨다. 법왕의 말씀처럼 자연계의 먹이 사슬은 서로 영향을 주어 알게 모르게 도움을 주고받으며 살아간다.

그 중에 사람은 손으로 물건을 만들어 서로 나누어 가지므로 공생하고 있다.

천지여아동근(天地與我同根) 천지와 나는 같은 뿌리요,
만물여아일체(萬物與我一體) 만물은 나와 한 몸이니라.

우주의 모든 생명은 한 가족이다. 한 가족이기 때문에 알게 모르게 도움을 주고받으며 공생하고 있다.

어떤 사람이 돈을 많이 벌어 부자가 되었더라도 그 부자는 농사짓는 사람이 없으면 먹을 것이 없어 굶주릴 것이다.

동물은 자기 배를 채우기 위해 서로 먹고 먹히며 약육강식(弱肉强食)으로 살아가지만, 사람은 서로 부족한 것을 나누어 가지므로 공생하고 있다.

나에게 없는 것은 상대에게 있고 상대에게 없는 것은 나에게 있다. 나에게 필요한 것은 상대도 필요하여 서로 나누어 가진다. 칸트는 사람이 행복하게 살기 위해서는 3가지 조건을 갖추어야 행복하다고 했다.

　　첫째, 어떤 일을 할 것,
　　둘째, 어떤 사람을 사랑할 것,
　　셋째, 어떤 희망을 가질 것.

사람은 어떻게 죽느냐가 문제가 아니라 어떻게 사느냐가 문제이다. 사람이 일이 없으면 생명력이 떨어지고, 사랑이 없으면 살아 있으나 죽은 삶과 같고, 꿈과 희망이 없으면 살아가는 의미가 없고 미래도 없다.

부와 명예를 얻어 건강하게 사는 것이 꿈이요, 희망이다. 꿈과 희망이 없다면 무엇으로 삶의 목표를 삼을 것인가?

'오늘은 괴로워도 내일은 행복하겠지!', '오늘은 가난해도 내일은 잘 살겠지!', '오늘은 사업이 잘 되지 않아도 내일은 잘되겠지!' 하는 꿈과 희망을 가지고 살아가는 것이 인생이요, 그 꿈을 버리지 못한 것도 인생이다.

새는 먹이를 위해 창공을 날고 사람은 의식주를 위해 일을 한다. 이 세상에서 제일 무서운 것이 무엇이냐고 묻는다면 전쟁도 아니고, 귀신도 아니고, 호랑이도 아니고, 배고픈 것이 제일 무섭다고 말할 수 있을 것이다.

어떤 무서움보다도 어떤 슬픔보다도 어떤 서러움보다도 배고픈 서러움보다 더 큰 슬픔과 서러움은 없다. 밑 빠진 항아리는 막을 수 있으나 코밑에 가로놓인 한 치의 입은 막지 못한다. 한 치의 입을 채우기 위해 아귀다툼을 벌이는 것이 인간의 삶이다.

사람은 굶주린 배를 채우기 위해 돈은 누구에게나 필요하고 돈보다 더 좋은 것은 흔하지 않다. 돈이 사람을 평가하고 돈이 없으면 사람 구실을 못하고 돈 앞에서는 누구나 굴복 한다. 돈은 무소불위의 힘을 과시하며 인간을 철저하게 굴복시킨다. 돈이 사람을 죽이고 살리고 울리고 웃기니 돈은 요망스러운 물건이다.

인간은 돈이라는 요망스러운 물질 앞에 노예가 되어 있다.

물질 때문에 욕망이 생기고 집착이 생기고 시비가 생기고 근심, 걱정, 괴로움이 생긴다. 물질의 노예가 되지 마라. 돈과 물질은 물 위에 뜬 물거품과 같아서 있다가도 없어진다.

"사슴을 쫓는 자는 산을 보지 못하고 돈을 쫓는 자는 사람을 보지 못한다." 사람을 잃으면 전부를 다 잃고 사람을 잃는다면 스스로를 죽이는 일이다.

하늘 위에 하늘 없고, 사람 위에 사람 없다.

집착은 재앙이 되어 자신의 몸과 마음을 파멸한다.

집착은 큰 재앙이다. 천재가 일어나든 인재가 일어나든 나에게 일어나는 재앙보다 더 큰 재앙은 없다.

행복하기를 원하거든 많이 갖는 것보다 적게 갖는 쪽을 선택해야 한다.

마음을 비우면 재앙은 일어나지 않는다. 마음을 비우고 여유를 가져야 한다. 병에 반만 차 있다고 투덜대지 말고 병속에 아직 반이 남있다고 생각하면 마음이 불안하거나 초조하지도 않는다.

가지려고 하면 잃을 것이요, 버리려고 하면 얻는다. 비우지 않고서는 채울 수도 없고 담을 수도 없다.

법왕께서는 욕망에 대해 다음과 같이 분류하셨다.

> 세상에는 사람들이 좋아하는 4가지 법이 있고, 4가지 싫어하는 법이 있다. 좋아하는 4가지 법은 젊음·건강·수명·사랑이요, 4가지 싫어하는 법은 늙음·병듦·죽음·사랑하는 사람과 이별하는 일이다. 사람이 추구하는 5가지 욕망은 재물·성욕·음식·명예·수면 등이다.

법왕의 말씀처럼 사람의 욕망은 다양하다.

다양하기 때문에 다 채울 수도 없고 다 얻을 수도 없다. 이런 욕망을 채우기 위해 집착하고 상대와의 대립에서 더 많은 에너지를 얻으려고 아귀다툼을 벌인다.

"지혜로운 자는 법으로 살고 어리석은 자는 물질로 산다."

물질에 얽매어 사는 것은 어리석은 삶이요. 법으로 사는 것은 지혜의 삶이다.

지혜의 삶은 물질은 가난해도 마음이 넉넉하여 부족함이 없고 지혜의 삶은 마음이 가볍고 물질의 삶은 마음이 무겁다. 가지려는 마음은 항상 불안하고 초조하다.

마음의 짐처럼 무거운 짐은 없다.

마음을 비우고 버리면 마음이 가벼워지고 마음의 짐이 없어야 어디를 가든 그물에 걸리지 않는 바람처럼 자유롭다.

"좁은 마음은 겨자씨도 담을 수 없고, 넓은 마음은 수미산도 담을 수 있다."

마음이 옹졸하고 좁은 마음에는 바늘하나 꽂을 자리가 없지만, 마음의 문이 넓으면 누구나 자유롭게 드나들 수 있고 열린 마음은 어느 무엇보다 가장 귀중한 재산이다.

마음의 문을 닫으면 우물 안의 개구리처럼 스스로 고립되고 고립된 마음은 늘 불안하고 초조하여 불행하다.

마음의 문을 열어 보아라. 행복의 문이 열린다.

법왕께서는 재물에 대해 다음과 같이 분류하셨다.

재물을 얻은 뒤에는 네 몫으로 나누어라. 한 몫은 식
생활에 사용하고 한 몫은 기타 집안 살림에 사용하
고 한 몫은 저축하고 한 몫은 주의의 필요에 따라 나
누어 주어라. 그때에 부족함이 없으리라.

법왕의 말씀처럼 재산을 관리하고 살면 모두가 행복하다. 부자든 가난하든 지혜 있는 사람이라면 돈을 버는 대로 쓰는 것이 아니라 자신의 분수에 맞게 쓰고 일부는 저축하고 일부는 나누어 가진다. 나누어 가지는 사람은 마음이 넉넉하여 행복하다.

사람은 아무리 작은 것이라도 서로 양보하고 배려하고 사양하면 부족함이 없고, 아무리 많아도 사치하고 낭비하면 언제나 부족하다.

행복한 사람은 분수에 맞게 생활을 하기 때문에 부족함이 없어 물질은 가난하되 마음이 넉넉하여 행복하다.

불행한 사람은 분수에 넘치는 생활을 하기 때문에 언제나 부족하여 물질은 풍부하되 마음이 가난하여 불행하다.

지혜로운 사람은 가난해도 마음이 즐겁고, 어리석은 사람은 부자라도 근심한다. 어리석은 사람은 만족할 줄 모르므로 근심하고, 지혜로운 사람은 만족을 느끼므로 행복하다. "고통 없는 가난이 괴로운 부자보다 낫다." 행복은 부자만이 느끼는 것은 아니다.

부자도 만족할 줄 모르고 근심, 걱정, 괴로움이 있으면 불행하고, 가난해도 근심, 걱정, 괴로움이 없으면 즐겁고 행복하다. 행복은 일해서 얻은 만큼 행복하다.

일하는 만큼 얻고,
나누는 만큼 얻고,
베푸는 만큼 얻네.

행복은 누가 가져다주는 것이 아니라 자신의 노력에 달려 있다. 시간을 놀리는 것은 시간을 도둑맞는 것이라고 했다. 노력하지 않고 게으른 자는 스스로를 죽이는 일이다.

"땅은 가꾸는 만큼 거둔다."

우리의 삶도 노력한 만큼 보상을 받는다. 가진 자나 없는 자나 노력의 대가이다. 차이가 있다면 지혜로운 자는 있을 때 아끼고 어리석은 자는 있을 때 낭비함으로서 부족하다.

사람의 삶은 자신의 형편대로 살아야 한다.

형편이 어려운 사람이 사치하고 낭비하는 것은 허세이다. 허세는 자신을 죽이는 일이다. 자신의 분수도 모르고 허세를 부리는 것은 파멸이다. 절약하지 않으면 집안을 망치고 청렴하지 않으면 지위를 잃는다. 이를 백장선사는 이렇게 말하였다.

일일부작(一日不作) 일일불식(一日不食)

백장선사는 나이 90세가 되어서도 일을 하므로 어느 날 제자들이 농기구를 감추어 버렸다. 백장선사는 "하루 일하지 않으면 하루 먹지 않는다."며 하루 종일 굶었다.

백장선사는 자신의 일에 대해 책임지는 법을 보여 주었다. 그 이후 백장선의 규율은 오래도록 지켜지고 있다.

백장선사의 말처럼 자신의 소임을 다하고 성실해야 한다. 허영은 성실의 적이요, 낭비는 인생의 파멸이다. 근면과 성실이 없고 낭비가 있는 곳에서는 아무것도 이룰 수 없으므로 성실은 만물의 시(始)요, 허영은 인생의 종(終)이다.

성실 그것만이 행복의 길이요, 사람이 살아가는 바른 길이니 선재 자네는 게으름 부리지 말고 성실하게 노력하여 자신의 일에 최선을 다해야 성공할 것이다.

성실은 생명의 불씨이고,
게름은 생명의 잿불이고,
허영은 생명의 종말이네.

모든 것은 성실함에 있고 게으른 자는 스스로 파멸한다. 천리 길도 한 걸음부터 시작하고, 새벽에 일찍 일어난 새가 먹이를 먹을 수 있다. 어리석은 자들은 자신은 노력하지 않고 게으름을 부리며 부족함만 탓한다.

자신은 노력하지 않고 게으름을 부리는 것은 영혼 없는 삶이요, 생명 없는 삶이다. 남을 탓하지 말고 자신이 무엇을 하고 있는지 다시 보아라. 다시 보면 상대의 잘못이 아니라 자신의 잘못이다.

거미도 줄을 쳐야 벌레를 잡는다.

일하는 용기가 결여되어 있는 자는 살아있는 가장 가난한 자이다. 용기 없는 자에게는 꿈도 희망도 아무것도 일어나지 않는다.

"하늘은 스스로 돕는 자를 돕는다."

일하지 않고 부유한 사람 없고 게으름을 부리고 성공하는 사람 없고 노력하지 않고 뜻을 이루는 사람 없다. 성실한 사람만이 뜻을 이루고 성공한다.

욕망을 가져라.
희망을 가져라.
용기를 가져라.

목적 없는 삶은 생명 없는 삶이다.

목적을 잃지 않고 노력한 사람은 최후에는 반드시 얻는다. 목표 없는 삶은 키 없는 배와 같다. 노고는 최고의 열매를 얻고 희망이 없는 삶은 용기를 빼앗기고 의욕마저 잃게 된다. 목적도 없고, 꿈도 희망도 없다면 그는 패자이다.

"부지런하면 재물이 생기고 아끼면 궁핍하지 않는다."

일하지 않고 부족함만 탓하고 가진 것은 없으면서 사치하고 허세를 부리고 사는 것처럼 어리석음은 없다.

공부하는 스님이 선사에게 물었다.

"스님 도에 가장 다급한 일이 무엇입니까?"

선사는 다급하게 일어나며 말했다.

"오줌 좀 눠야겠다. 이런 사소한 일도 이 늙은 중이 직접 해야 되는구나?"

선사의 말처럼 오줌똥을 다른 사람이 대신할 수 없듯이 도를 깨닫는 것도 자신의 수행이요. 잘 살고 못사는 것도 자신의 노력이다.

사람들은 내가 상대를 맞추어 사는 것이 아니라 상대가 나를 맞추어 살아주기를 바란다.

그것은 어리석은 생각이다. 그 이유는 내 마음도 내 마음대로 하지 못하고 조석으로 변하는 것이 사람의 마음인데 하물며 상대의 마음까지 내 마음대로 할 수 없기 때문이다.

내 삶은 내가 살아야 한다.

신뢰받는 것은 사랑받는 것보다 더 큰 영광이다.

사랑이 없으면 신뢰할 수 없고, 자신은 낮추지 않고 상대만 낮추라고 하는 것은 어리석은 생각이다. 자신을 높이려면 스스로를 낮추어야 할 것이다.

나의 삶을 다른 사람이 대신 살아줄 수는 없다.

입으로 먹는 것을 대신 먹어 줄 수 없고, 대소변을 대신해 줄 수 없고, 잠을 대신 자 줄 수 없고, 옷을 대신 입어줄 수 없고, 걸음을 대신 걸어 줄 수 없고, 생각을 대신해 줄 수 없고, 배움을 대신해 줄 수 없고, 아픔을 대신해 줄 수 없고, 죽음을 대신해 줄 수 없다.

내 삶은 내가 살 수 밖에 없다면 나 자신을 잘 다스려야 하고 자신을 바로 알아야 한다.

나는 시장에 다니며 점심을 먹으려고 대구탕 집에 가고 오면서 여러 삶을 보았다.

시장입구 향긋한 과일골목을 지나 비린내 나는 생선골목을 돌아 구수한 선지국밥 집을 거쳐 대구탕을 먹고 다닐 적마다 많은 것을 보고 느꼈다.

과일골목에 향긋한 향수는 기분을 좋게 하고 생선골목의 비린내는 코에 숨을 멈추게 하고 선지국밥 골목에는 구수한 냄새가 코를 즐겁게 한다.

우리의 삶도 정의 표시로 '밥 먹어라' '술 먹어라' '차를 마셔라' 하는 것이 정이요, 구수한 삶이 우리의 멋이다.

초록은 동색이고 유유상종이라고 했다.

모두 끼리끼리 살고 있다. 과일골목에 있는 과일은 향긋한 향수를 풍기면서도 그 향수를 모르고 생선골목에 있는 생선은 비린내를 풍기면서도 비린내를 모르고 있다.

부자로 사는 사람은 가난하게 사는 사람의 마음을 모르고 가난하게 사는 사람은 부자로 사는 사람의 마음을 모르고 있다.

그들은 서로 어울리지 않고 그들끼리 살아간다.

부자의 향수에 젖은 사람은 천국에 가지 못한다고 하였다. 예수님께서 말씀하시기를 "부자는 천국에 가는 것이 낙타가 바늘귀를 통과하는 것보다 더 어렵다."고 하였다. 과연 낙타가 바늘귀를 통과할 수 있을까?

그 밑바탕에는 사람의 속성인 욕망이 자리 잡고 있다.

욕망은 그칠 줄 모르고 채워도 채워도 다 채울 수 없는 것이 사람의 욕망이요, 욕구이다.

사람의 욕구는 아귀와 같다. 아귀의 배는 황소처럼 크고 입은 바늘구멍처럼 아주 작아 덕어도 덕어도 배를 다 채울 수 없으므로 항상 허덕이고 있다고 하였다.

마치 배고픈 사람이 배를 채우고 나면 말 타고 싶다는 말처럼 사람에게는 항상 새로운 욕망이 기다리고 있으므로 사람의 욕망은 끝이 없다고 하느니라.

부자는 자신의 몸을 귀하게 여기기 때문에 여러 사람들과 어울리지 않고 한정된 공간에서 생활을 하다 보니 오고가는 데 자유가 없다.

사는 것도 제약을 받고 오고가는 것도 제약을 받고 자유롭지 못하다. 마치 왕실 안에서 자라난 어린아이가 궁전 밖을 모르듯이 자유가 없으니 이런 삶이 '지옥'이다.

부자는 스스로 구속시킨다.

가난하게 사는 사람들은 이웃 간에 친구 간에 정이 쌓여 '밥 먹어라' '술 먹어라' '차를 마셔라' 하고 손짓을 하며, 물질을 나누고 정을 나눔으로 오고가는 데 자유롭고 사람 사는 맛을 느끼고 사니까 이런 삶이 '천국'이다.

이런 점에서 볼 때 과일골목의 향긋한 향수는 부자가 아니라 가난하게 살면서도 정을 나누는 사람들의 향수이다. 이런 삶을 부자가 천국에 가는 것이 낙타가 바늘귀를 통과하는 것보다도 더 어렵다고 했으니 지옥과 천국은 있고 없고의 차이가 아니라 마음의 차이이다.

가난하다고 좌절하지 말고, 부유하다고 우쭐대지 마라. 쥐구멍에도 볕들 날이 있고 구름은 늘 한 곳에 머물지 않으니 희망을 가져라.

슬퍼하지 마라. 괴로워하지 마라. 자신의 소질이 무엇
인지 다시 보고 일을 하라. 희망의 문이 열리느니라.

꿈과 희망을 가지고 가정 형편대로 살아라. 가진 것
은 없으면서 허세를 부리지 마라. 형편이 좋은 사람
은 넉넉하게 살고 형편이 어려운 사람은 절약하며
살아라. 어려운 사람이나 부유한 사람이나 모두 부
족함이 없으리라.

절약하며 살아라.
성실하게 살아라.
일하면서 살아라.

성실하게 일하고 절약하며 사는 것이 재산이다. 낭비는 가난을
면하지 못하고 절약은 부유해진다.
잘 사는 것은 긍정이다. 부정적으로 보면 보는 것마다 나쁘게
보이고 긍정적으로 보면 보는 것마다 좋게 보인다.
자신은 바른 것을 바르게 보지 못하고, 바른 소리를 바르게 듣
지 못하고 바르게 행하지 못하면서 상대를 탓하고 부정하면 안 된
다. 부정은 불행의 예고이다.
상대를 탓하기 전에 자신을 바로 보아라.
자신을 바로 보지 않고는 승자가 될 수 없다.
다시 보면 상대의 허물이 아니라 자신의 허물이다. 자신의 허물
인 줄 알면 상대를 탓하고 원망도 미련도 후회도 없다.

부유하게 사는 사람을 부러워할 것이 아니라 자신이 지금 무엇을 하고 있는지 다시 보고 자신에게 맞는 일을 하고 삶에 감사해야 한다.

사람이 얼마나 행복한가는 감사의 깊이에 있다. 감사할 줄 모르면 그는 영원히 행복을 느끼지 못한다.

삶에 감사하고, 자비를 베풀어라.
이웃을 사랑하고, 주어진 것에 만족하라.
그러면 영원히 행복하리라.

예, 선생님. 사람은 이성이라는 덕을 가지고 태어나 윤리를 배우고, 학문을 배우고, 신을 섬기고, 종교를 믿으며, 교육을 받습니다.

왜 사람으로 태어났는가

수많은 생명 중의 사람으로 태어난 것은 교육을 받기 위해서 라고 했습니다. 그 교육에 대해 자세히 설명해 주시기 바랍니다.

생명이 사람의 몸을 선택하여 태어난 것은 다양한 교육을 받고 사람답게 살기 위해 사람의 몸에 태어났다. 사람은 어느 동물보다 느낌·생각·의식이 발달하여 영리하므로 생명이 사람의 육체 속에 살면서 교육을 받는다. 사람의 몸은 학교에 해당되고 교육의 현장이다. 육체라는 현장을 통해 다양한 일을 하며, 살아가는 것이 교육이다. 교육은 학문교육뿐만 아니라 윤리를 바탕으로 하는 삶 자체가 교육의 현장이다.

교육은 어느 교육보다 자신의 적성에 맞는 교육을 받아야 바른 교육이다. 적성은 자신의 재능을 살리는 것이요, 재능은 자신의 재산이다. "재능 있는 사람은 성취하고 천재는 창조한다."고 하였다. 자신의 재능을 살리는 교육처럼 더 좋은 교육은 없다.

아무리 위대한 학자라 해도 장사꾼은 되지 못하고 아무리 위대한 장사꾼이라 해도 학자는 되지 못한다. 그들은 각자 자신의 재능과 소질을 살려 학자가 되고 장사꾼이 되고 기술자가 되었다.

교육은 시기와 때를 놓쳐서는 안 된다.

아무리 뛰어난 천재의 재능도 기회가 없으면 아무 쓸모가 없다.
얻기 어려운 것이 시기요, 놓치기 쉬운 것이 기회이다. 기회를 놓
치는 것처럼 어리석은 사람은 없다. 청춘은 일생에 한번 밖에 오
지 않는다. 시간을 낭비하는 것처럼 큰 죄는 없다.

　　　때를 놓치지 마라.
　　　기회를 놓치지 마라.
　　　배움에 게으름을 부리지 마라.

백문(百聞)이 불여일견(不如一見)이라고 했다.
입으로 아무리 설명해도 직접 눈으로 보는 것만 못하고 재능이
있고 학문을 배워도 직접 해보는 것만 못하다.
학문이든 기술이든 현장에서 체험하는 교육보다 더 좋은 교육
은 없다. 학문을 바탕으로 연구하고 체험하며 완성한다. 한 가지
일을 경험하지 않으면 한 가지 지혜가 열리지 않는다. 지혜의 문
을 열기 위해 보고 듣고 배운다.

　　　지식을 배우는 것이 학문이고,
　　　질서를 지키는 것이 윤리이고,
　　　마음을 밝히는 것이 진리이다.

선하고 착하게 살면 선의 교육이요, 악하고 모질게 살면 악의
교육이다. 착하고 선하게 사는 것은 사람의 삶이요, 악하고 모질
게 사는 것은 동물의 삶이다.
우리 사회는 학문만 배우고 윤리가 부족하여 인류의 도리를 망

각하고 사는 사람들이 적지 않다.

사람은 선을 행하고 악을 버리기 위해 교육을 받는다.

교육은 지식을 바탕으로 아름다운 마음씨, 능숙한 솜씨, 단정한 맵씨, 교양 있는 말씨, 인격 있는 품격, 예절 등으로 자비를 베풀고 서로 사랑하는 일이다.

교육에는 윤리교육이 으뜸이다.

윤리교육은 자신의 인성을 바르게 하여 덕을 기르고 윤리와 학문이 같이 가야 바른 교육이다.

인성을 바르게 하여 윤리도덕이 서서히 몸에 스며들도록 하는 것이 바른 교육이다.

천황선사는 말했다.

"제가 여기 온 후로 마음 법을 배우지 못했습니다."

선사가 말했다.

"네가 내게로 온 후 지금까지 한 순간도 마음 법을 가르쳐 주지 않는 때가 없었다."

"언제 가르쳐 주셨습니까?"

"네가 차를 끓여오면 나는 차를 마셨고 밥을 가져오면 밥을 먹었고 네가 인사를 하면 나는 고개를 끄덕였으니 어디에도 마음 법을 가르쳐 주지 않는 곳이 없었다."

선사의 말처럼 일상생활이 다 교육이다.

스승이 하는 일을 배우며 보고 듣고 느낌으로써 깨닫고, 집에서 부모님들이 하는 일을 배우며 보고 듣고 느끼면서 깨닫는다.

가정은 윤리도덕을 길러내는 학교이다. 이보다 더 좋은 학교는 없고 부모님 보다 더 좋은 스승은 없다. 평범하게 살아가는 삶 속에 진리가 있고 평범하게 사는 것이 교육이다.

평범하고 정직하게 살아 악은 버리고 선을 행해야 한다. 바르게 보고 바르게 듣고 바르게 행하는 것처럼 참 교육은 없으므로 홀륭한 스승은 홀륭한 제자를 길러내고 지혜로운 부모는 좋은 자식을 길러낸다.

해가 아무리 밝아도 저녁은 비추지 못하고 달이 아무리 둥글어도 낮에는 볼 수 없다.
"옥을 다듬지 않으면 그릇이 되지 못하고 배우지 않으면 어두운 밤길을 걷는 것과 같다.'
사람이 아무리 외모를 갖추었다 하더라도 교육을 받지 않으면 그는 외모만 번지르르 하지 눈뜬장님과 같고 어두운 밤길을 걷는 것과 같다. 지식은 자신을 밝히는 등불과 같으니 교육을 받고 눈을 뜨고 윤리를 실천해야 바른 교육이다.

마음의 눈을 뜨고, 지혜의 눈을 떠라.

사람들은 학문을 많이 태운 사람 많이 출세하고 성공하는 것으로 착각하고 있다. 같은 수준에서 공부하는 사람들은 학문보다는 윤리를 실천하고 인성이 바른 사람이 성공하고 비윤리로 사는 사람은 낙오한다.
윤리는 이성의 근본으로서 근본도 모르는 사람이 어찌 성공하고 출세할 것인가?

성공하는 사람이 되기 위해서는 윤리의 바탕이 있어야 바른 사람이 되고 큰 사람이 되고 출세할 수 있다.

요즈음 부모들은 숫자교육은 잘 시키면서 윤리교육은 소홀히 하고 숫자교육에만 열을 올리고 있다.

윤리는 접어두고 조기 유학을 보내고 기러기 아빠가 되어 가족의 사랑이 멀어지다보니 자연히 윤리도 멀어진다.

요즈음 부모들은 걸핏하면 아이 기죽인다고 소리치니 이럴 수도 없고 저럴 수도 없다.

살기는 부모의 재산과 덕으로 살면서 '시'자 소리만 들어도 몸서리를 친다. 시아버지, 시어머니, 시누이, 시동생 이름만 들어도 싫어하고 거부감을 느낀다.

자신들 역시 시어머니가 된다는 사실을 모르고 있다.

윗물이 맑아야 아래물이 맑다는 순리를 모르고 있으니 이러고서야 어찌 바른 교육이라 할 수 있겠는가?

윤리가 무너지면 양심이 무너지고 양심이 무너지면 인류의 도리가 무너지고 도리가 무너지면 인간은 파멸이다.

사람이 같은 동물의 '범주' 속에 살고 있지만, 사람은 이성이라는 불성의 덕이 있어 학문과 윤리교육을 받고 위로는 공경이요, 아래로는 사랑이다. 사랑이 참교육이다.

예, 선생님. 생명은 왜 사람으로 태어났는지 이제야 이해가 갑니다. 수많은 생명 중의 사람으로 태어난 것은 교육을 받기 위해 사람으로 태어났습니다.

동물은 살기 위해 먹이에 의존하고 사람은 교육을 받고 선악을 구분하여 선은 가지고 악은 버리는 것입니다.

선과 악

불교에서는 악을 버리고 선을 얻기 위해 수행을 한다고 했습니다. 선과 악, 선인과 악인을 구분해서 자세히 말씀해 주시기 바랍니다.

선악은 본래 근본이 없지만, 마음의 작용에 따라 선악이 있다. 마음의 작용에 따라 선할 수도 있고 악할 수도 있다. 악을 내면 악인이 되고 선을 내면 선인이 된다.선악이 한 마음에서 생겨나고 사라진다. 마음의 작용에 따라 천사도 되고 악마도 되는 것이니 선을 베풀고 살견 선인이 되느니라.

사람의 근본은 선악이 없지만, 마음의 작용으로 선악이 생겨난 것이므로 사람은 선한 듯하다가도 악하고 악한 듯하다가도 선하고 정이 많은 듯하다가도 인색하니, 선한 사람과 악한 사람이 따로 있는 것이 아니므로 분류하기는 대단히 어려운 일이다.

선인은 진리를 보호하고 선을 가까이 하여 윤리 안에 사는 사람이요, 악인은 진리를 더럽히고 선을 멀리하고 윤리를 벗어나 윤리 밖에 사는 사람이다.

선악은 자신의 마음에서 일어나고 행에서 생겨나므로 말과 행

동을 조심하고 자비를 베풀고 자기 사랑이 아니라 이웃을 사랑하
는 것이다.

<blockquote>
율은 지키는 것이니 행하는 것이고,
악은 더러운 것이니 버리는 것이고,
선은 깨끗한 것이니 가지는 것이다.
</blockquote>

"덕은 자기 몸을 낮추어 겸손함에서 생긴다."

개울에 흐르는 물이 얕은 곳에 흐르는 물은 소리를 내고, 깊은
곳에 흐르는 물은 소리를 내지 않고 유유히 흐르듯이 지혜가 얕은
사람은 아는 체하며 요란스럽게 소리를 내고, 지혜가 밝은 사람은
깊은 곳에 흐르는 물처럼 고요하게 소리가 없다.

빈 수레는 소리를 내고 겸손한 사람은 소리가 없으니 자신을 낮
추는 것은 스스로 높이는 것이니 자신을 낮추면 높아진다.

악은 더러워서 저지른 행위자에게만 적용되므로 악은 안으로
감추려 하고, 악은 더럽기 때문에 자신은 악한 짓을 하면서도 남
이 악한 짓을 하는 것은 허물을 잡는다.

사람의 본령 속에는 양심이라는 선이 자리 잡고 있으므로 악을
부끄럽게 여긴다. "악은 모두가 싫어하고 선은 모두가 좋아한다."
고 하였다. 악을 버리고 선을 행하면 악은 스스로 물러간다. 억지
로 악을 물리치려고 할 것이 아니라 선을 행하면 악이 스며들 틈
이 없고, 악이 스며들지 않으면 자연히 선인이 된다.

선인은 진리를 찬양하며 순리에 따라 물 흐르듯이 사는 사람이
요, 윤리를 바탕으로 그것을 실천하며 살아가는 사람이다. 윤리는

사람의 근본이다.

　　윤리의 근본이요, 인류의 근본이요, 사랑의 근본이
　　요, 자비의 근본이다.

　부모님께 효도하고, 부부간의 사랑, 형제간의 우애, 친구 간의 우정, 이웃 간에 화합으로 더불어 사는 것이 선이다.
　악인은 선인의 반대되는 말이다.
　선인이 진리를 보호하여 윤리의 완성이라면 악인은 진리를 더럽히며 윤리의 미완성이다. 윤리관이 없고 도덕관이 없고 예의범절이 없고 의리도 없이 자신의 이익을 위해 사는 자들이다.
　이들의 삶은 지조도 없이 자신보다 권위가 있고 잘사는 사람 앞에서는 아부하는 자들이다.
　자신의 이익이 있는 곳에는 양심을 팔아서라도 자신의 배를 채우는 자들이니 이유 없이 아부하고 칭찬하는 자들을 경계하라고 하였다.
　사람은 더불어 살아야 한다.
　나무는 물을 먹고 살지만, 흙을 의지하여 살고 있다.
　사람 역시 사는 것은 물질에 의해 살지만, 나무가 흙을 의지해서 살아가듯이 서로서로 의지해서 더불어 살아야 크게 자랄 수 있다. 더불어 살기 위해서는 서로 배려하고 이해하며 용서할 줄 알아야 한다. 서로 협력하지 않으면 더불어 살 수 없다.
　부처님은 "원수를 네 부모님처럼 사랑하라."고 하였고, 예수님은 "네 이웃을 네 몸과 같이 사랑하라."고 하였다.
　죄는 미워하되 사람은 미워하지 말아야 한다.

악의 치료법은 더욱 사랑하는 길밖에 없다.

사랑이 무너지면 양심이 무너지고 선이 무너지고 의리도 무너지고 윤리도 무너진다.

사랑의 비극이란 없다. 오히려 사랑이 없는 곳에 비극이 있다.

사랑이 무너지면 양심이 무너지고 악의 싹이 자라난다. 사랑이 자라나면 살고 악이 자라나면 죽음의 삶이다.

사랑에는 신뢰가 필요하고 화합에는 소통이 필요하고 우정에는 의리가 필요하다.

소통은 사람이 사는 길이다. 의리가 없는 사람은 사귈 필요가 없고 사랑할 줄 모르는 자는 베풀 줄도 모른다.

자신의 행함에 선악이 있다.

선은 선이 따르고 악은 악이 따른다.

선이냐 악이냐 하는 것은 행함에 있고 습관에 있다.

행위를 심어라. 습관을 거둘 것이요,
습관을 심어라. 개성을 거둘 것이요,
개성을 심어라. 운명을 거둘 것이다.

예, 선생님 말씀을 듣고 보니 선악은 본래 근본이 없으나 마음의 조작으로 생겨난 것이므로 사악하기도 하고 선량하기도 합니다. 그럼 보통사람은 선인도 아니요, 악인도 아니요, 중간이라 말할 수 있겠군요.

중도와 보통사람

"불교는 공(空)으로 마음의 체(體)를 밝히고 중도(中道)로 진리를 밝힙니다. 불교는 중도 사상으로서 그 법을 알기 위해 수행합니다. 중도를 설명해 주시기 바랍니다.**"**

"법왕께서 보리수나무 아래서 6년의 단식과 고행 끝에 중도를 깨닫고 선언하셨다. 이때 같이 수행하던 제자들이 이 중도의 깊은 이치를 알지 못하고 중도를 비판하고 법왕을 떠난 사건이 있었다. 그 이후 법왕께서 고(苦)·집(集)·멸(滅)·도(道) 사성제(四聖諦)를 설명하여 그들이 다시 법왕의 제자가 되었다.**"**

법왕께서 선언하신 중도는 중간의 이치뿐만 아니라 정신세계의 극치를 말씀하셨다.

불교의 교리는 중도 사상으로 이루어져 있고 그것을 실천하는 것이 불교의 가르침이다. 중도의 이치를 알기 위해 수행한다.

중도는 깨끗한 마음이다. 깨끗한 마음은 공이어서 자성이 없다. 자성이 없는 공이기 때문에 부족하거나 넘치거나, 강하거나 약한 것이 아니다. 선악의 차별이 없고 고락의 차별이 없이 평등하여 허물이 없다.

중도는 허물을 가리지 않고, 선악을 가리지 않고, 희
비를 가리지 않는다.

중도는 공의 성품으로서 공의 성품은 모양이 없다.

모양이 없고 차별이 없고 분별없는 마음은 깨끗하다고 할 수도
없고 더럽다고 할 수도 없다.

모양이 없는 공이기 때문에 자성이 없고, 자성이 없으므로 깨끗
하고, 깨끗하기 때문에 공이라 하고, 공이기 때문에 무아라 하고,
이를 중도라 한다.

중도는 중간의 이치가 아니다.

세속에서는 이 중도를 중간의 이치로 보지만, 진리의 입장에서
보면 윤리의 근본이고 선의 근본이고 진리의 근본이므로 더함도
없고 덜함도 없고 깨끗함도 없고 더러움도 없는 평등한 것이 중도
이므로 중도가 최상의 법이다.

여기서 중도를 올바르게 이해해야 한다.

중도는 중립에서 머무는 것이 중도가 아니라 양심 있는 행동,
행동하는 양심이 중도이다.

중도라 해서 양심 있는 행동은 없고 우유부단한 것은 중도가 아
니다. 무슨 일이든지 중도라 해서 중립에서 머무는 것은 중도가
아니라 양심을 죽이는 일이다.

중도는 용기 있는 양심, 행동하는 양심이다.

양심 있는 행동은 하지 않으면서 중립에서 머물고 있다가 남이
해놓은 것을 어부지리로 얻어먹는 것은 중도가 아니라 기회주의
이다. 기회주의자는 이중적 성격으로 중립에서 관망하고 있다가
자신의 이익이 있는 곳으로 기울어져 자신은 살고 상대를 죽이는

자이다. 그는 조직의 관리자는 될 수 있어도 리더는 될 수 없다.

중도는 양심적 행동으로 책임질 줄 알아야 한다.

기회주의자는 책임질 줄도 모르고 용기도 없는 자이다.

리더는 책임질 줄 알아야 하고 용기 있는 양심이 필요하고 행동하는 양심이 필요하고 실천하는 양심이 필요하다. 사회든 조직이든 리더는 책임질 줄 알아야 하고 양심 있는 행동, 행동하는 양심으로 실천할 줄 알아야 한다.

중도는 양심 있는 행동, 행동하는 양심, 실천하는 용기가 있어야 되므로 팔정도(八正道)를 중도라 한다.

우리는 어떤 사람을 평가할 때 그 사람이 대단치 않다는 뜻으로 보통사람이라 하지만, 보통사람은 어느 무대나 자유롭게 드나들 수 있는 자격을 갖춘 사람이다.

보통사람은 어떤 일이든 편견하지 않고 그것을 잘 조화를 이루어 양면을 다 겸비하고 그저 평범하게 순리에 따라 사는 사람이다. 아둔해 보이면서도 재치가 있고 인색해 보이면서도 정이 있고 자비가 없는 듯하면서도 정을 나누어 더불어 살아가는 사람이다.

자기 사랑이 아니라 이웃 사랑이다.

그를 일러 덕을 갖춘 사람이라 하니 보통사람이야말로 이상적인 삶이요, 이상적인 사람이다.

진정한 보통사람은 선악이라는 극단적인 편견을 하지 않고 양쪽을 다 포용한다. 자신의 이익이 있든 없든 자신의 이익을 위해 사를 부리지 않는다.

매사를 긍정적으로 보고 긍정적으로 평가하기를 좋아하고 무슨 일이든 대의를 지키고 행동하는 양심으로 사를 부리지 않는다.

중도는 차별이 없다. 중도는 비가 아무리 많이 와도 바다의 물은 줄지도 않고 불어나지도 않고 평등하듯이 차별 없고 분별없는 깨끗한 마음은 평등하므로 그 무엇으로도 더럽힐 수 없는 마음이 중도이므로 최상의 법이라 하느니라.

예, 선생님. 보통사람은 선악의 어느 쪽에도 치우치지 않는 사람이니 보통사람으로 사는 것이 쉽고도 어렵겠습니다. 보통사람은 덕을 갖춘 사람입니다.

연기의 인연

불교에서는 인연을 말하고 있습니다. 그 말은 너무 포괄적이어서 이해하기 어렵습니다-. 인연에 대해 자세히 설명해 주시기 바랍니다.

사람이 살아가는 것이 다 인연의 원리에 의해 맺어지고 있다. 연기의 근본을 살펴보면 연기의 법칙은 오묘한 진리이다. 이 세상에는 어느 것 하나라도 인연 아닌 것이 없고 만물은 인연에 의해 살아가고 있다.

우리의 삶은 인연에 의해 살고 있다.

사람이 살아가는 것은 만남의 연속이요, 인연의 연속이다. 만남 없이 역사는 이루어지지 않고, 만남 없이 삶도 이루어지지 않고, 만남 없이 정도 나눌 수 없크, 만남 없이 사랑도 나눌 수 없다.

인연에 의해 만남으로서 역사도 이루어지고 정도 나눌 수 있고 사랑도 할 수 있고 삶도 이루어진다.

우리의 삶은 인연이라고 하는 끈끈한 정으로 맺어지고 인연의 원리에 의해 살고 있다.

하루하루의 삶도 만나는 사람에 따라 즐거울 수도 있고 우울할
수도 있듯이 일생을 살아가는데 크고 작은 인연들이 나의 삶을 바꿀
수도 있다. 법왕께서는 연기의 인연법을 다음과 같이 말씀하셨다.

> 차유고피유(此有故彼有), 이것이 있으니 저것이 있고,
> 차기고피기(此起故彼起), 이것이 일어나니 저것이 일어
> 난다.
> 차무고피무(此無故彼無), 이것이 없으니 저것이 없고,
> 차멸고피멸(此滅故彼滅), 이것이 사라지니 저것이 사라
> 진다.

이처럼 일체 모든 것은 인연 따라 나고 인연 따라 사라지는 것
이 12인연법의 원리이다.

> 무명(無明)은 행(行)을 인연하고, 행은 식(識)을 인연하
> 고, 식은 명색(名色)을 인연하고, 명색은 6근(六根)을 인
> 연하고, 6근은 촉(觸)을 인연하고, 촉은 수(受)를 인연
> 하고, 수는 애(愛)를 인연하고, 애는 취(取)를 인연하고,
> 취는 유(有)를 인연하고, 유는 생(生)을 인연하고, 생은
> 노사우비고뇌(老死憂悲苦惱)를 인연하여 고(苦)가 되느
> 니라.

연기란 아주 간단히 말해서 상대성 원리이다.
내가 있으니 상대가 있고 상대가 있으니 내가 있다. 상대를 인
정하면 나도 인정을 받고, 상대를 업신여기고 낮추어 보면 상대도

낮추어 보고, 상대를 존경하면 상대도 존경하고, 내가 인색하면 상대도 인색하고, 내가 베풀면 상대도 베풀고, 내가 사랑하면 상대도 사랑한다.

인연이란 상호주의 원리로서 평등을 유지하는 법칙이다. 이는 두 막대기가 서로 버티고 섰다가 이쪽이 넘어지면 저쪽이 넘어지고 이쪽을 해치면 저 쪽은 따라서 손해를 보고 저쪽을 도우면 이쪽은 따라서 이익을 받는다.

선을 베풀면 선이 돌아오고 악을 저지르면 악이 돌아오는 원리이다. 상대를 친절하게 대하면 상대도 친절하게 대하고 상대에게 나누어 주면 상대도 나누어 준다.

우연히 지나가는 사람과 옷깃만 스쳐도 전생에서 500년이란 긴 인연을 맺었던 사람이라고 한다.

그 많은 사람들 중에 부부의 인연을 맺고 부모형제·친척의 인연을 맺은 사람들은 전생에서도 브부나 형제, 친척이라고 할 수 있다. 전생에 다정한 사람들이 다시 만나 가족이 되고 친구가 되고 부부가 되었다.

우리는 수백 년 수천 년 혹은 수세기를 거쳐 인연을 맺고 살아가는 사람들이다.

전생이든 이생이든 모두 인연으로 이루어진 것이니 인연을 소홀히 하지 마라.

잘난 사람이나 못난 사람이나 나와 인연을 맺은 사람들은 나에게는 모두 다 필요한 사람들이다.

우리 속담에 셋이 걸어가면 그 중 한 사람은 스승이 있다고 했으니 그들은 모두 나에게는 필요한 사람들이다.

둥근 돌이나 모난 돌이나 다 쓰이는 곳이 있다. 훌륭한 사람이

나 어리석은 사람이나 그들은 모두 나의 스승이요, 나에게 없어서는 안 될 사람들이다.

나와 만나는 사람이 인연이니 인연을 소중하게 여기고 서로를 존경해야 한다.

결점 없는 사람은 없고 실수 없는 사람도 없다. 결점 없는 사람을 찾아 벗을 사귀려면 벗을 사귀지 못한다. 물이 너무 맑으면 물고기가 없고, 사람을 너무 살피면 친구가 없다. 너무 고르는 자가 가장 나쁜 것을 고른다. 고르다가 나쁜 것을 고르기보다 모두 인연이라 생각해야 한다.

우리의 삶은 자신만의 삶으로 끝나는 것이 아니라 우리 모두의 삶이니 인연을 소중하게 여겨야 한다.

나의 삶은 그대에게도 소중하고 그대의 삶은 나에게도 소중하다. 소중하기 때문에 그대의 삶은 내 마음속에 있고 나의 삶도 그대의 마음속에 있다. 마음속에 있기 때문에 그대가 기쁘면 나도 기쁘고 그대가 슬프면 나도 슬프다.

가까운 사람일수록 그 깊이가 더해지니 끊으려야 끊을 수 없는 인연의 삶이다.

사람의 행복은 먼 곳에 있는 것이 아니라 가까운 곳에 있고 인연 맺기에 달려있다. 하루의 삶도 인연 맺기에 따라서 행복할 수도 있고 불행할 수도 있다.

잘 사는 사람은 악을 멀리하고 선을 인연하여 윤리 안에 사는 사람이요, 못사는 사람은 선을 멀리하고 악을 인연하여 윤리 밖에 사는 사람이다.

선을 인연하고 살면 가는 곳마다 자유롭고 행복하지만, 악을 인연하는 사람들은 가는 곳마다 자유가 없으므로 불행하다. 지혜가 밝은 사람은 인연을 소중하게 여긴다.

인연은 하루의 삶뿐만 아니라 인연 맺기에 따라서 일생을 좌우하는 경우가 적지 않으니 악연을 피할 줄 알아야 물들지 않는다.

만나는 것도 인연이고,

헤어지는 것도 인연이고,

행하는 것도 인연이네.

우리가 살아가는 주위에는 다양한 삶을 살아가고 있다.

어떤 사람은 악을 인연하여 감옥이나 나쁜 환경에서 고생하며 살고 어떤 사람은 선을 인연하여 좋은 환경에서 호화스러운 생활로 즐겁게 살고 있다.

행복과 불행은 자기 자신이 맺은 인연의 삶이다.

살인을 하고, 도둑질을 하고, 시샘하고, 질투하고, 싸우고, 욕하는 것이 악연이 되어 그는 어디를 가든 자유가 없어 불행하다. 하루의 여행도 좋은 동반자를 만나야 즐겁다고 했다. 하물며 인생의 긴, 여정에 부부의 인연을 맺고 부모형제 · 친척 · 친구 · 이웃의 좋은 인연이야말로 더없이 좋은 인연이요, 동반자이다.

"먼 곳에 있는 물은 불을 끄지 못하고 먼 곳에 있는 친척은 가까운 이웃만 못하다."

이런 좋은 인연을 맺는 것도 자기 자신이고 인연을 끊는 것도 자기 자신이니 좋은 인연을 맺으려고 노력해야 행복할 것이다.

인연은 자신이 맺은 것이다.

선은 선을 인연하고 악은 악을 인연하고 자비는 자비로 인연하고 사랑은 사랑을 인연하는 것이니 서로 사랑해야 한다. 그러면 사랑의 인연이 되어 행복할 것이다.

　예, 선생님. 인연은 참으로 좋은 의미인 것 같습니다.
　악연을 맺으면 불행하고 좋은 인연은 행복하므로 사람들은 좋은 인연을 맺으려고 합니다. 이런 인연의 삶도 법왕께서는 고통이라고 했습니다.

생로병사

❝법왕께서는 생로병사(生老病死)는 고통이라고 했습니다. 이것은 다 우리가 살아가는 순리의 질서입니다. 이를 설명해 주시기 바랍니다.❞

❝법왕께서는 생로병사를 밝히기 위해 출가하셨다. 법왕께서 왕자로 계시면서 궁전 밖이 궁금하여 하인을 데리고 궁전 밖으로 여행을 하였다. 여행을 하실 때 동쪽 문으로 나가서는 이제 막 태어난 어린아이의 고통을 보았고, 남쪽 문으로 나가서는 늙은 이의 고통을 보았고, 서쪽 문으로 나가서는 병든 이의 고통을 보았고, 북쪽 문으로 나가서는 죽음의 고통을 보셨다. 인생의 삶이 다 고통이라 보시고 고통의 근원이 어디에 있는지 그것을 알기 위해 출가하여 도를 깨닫고 인생의 고통을 8고(八苦)로 제시하셨다.❞

태어남이 고통(生苦)이요, 늙음이 고통(老苦)이요, 병듦이 고통(病苦)이요, 죽음이 고통(死苦)이요, 사랑하는 사람과 이별하는 고통(愛別離苦)이요, 근심, 걱정, 번뇌의 고통(憂悲惱苦)이요, 원한 있는 사람과 만나는 고통(怨憎會苦)이요, 구하고자 하나 얻지 못하는 고통(求不得苦)이다.

인생은 사는 것도 괴로움이고, 죽는 것도 괴로움이고, 재산을 잃는 것도 괴로움이고, 건강을 잃는 것도 괴로움이고, 추워서 괴로워하고, 더워서 괴로워하고, 배가 고파 괴로워하고, 마음대로 되지 않는 것을 괴로워한다.

갑옷을 만드는 사람은 화살이 갑옷을 뚫을까 걱정하고, 화살을 만드는 사람은 화살이 갑옷을 뚫지 못할까 걱정한다. 갑옷을 만드는 사람이나 화살을 만드는 사람이나 모두 자신의 책임을 다하며 살기 위한 노력이다.

인생의 삶 자체가 다 괴로움이다.

이 삶이라는 틀을 벗어나 다른 방법을 찾아 살 수도 없다. 삶이라는 틀 안에서 살 수밖에 없으므로 이를 오음성고(五音盛苦)라고 한다.

생로병사는 춘하추동의 사계절과 같다.

생(生)은 봄에 싹이 트고, 노(老)는 여름에 무성하고, 병(病)은 가을에 단풍이 들고, 사(死)는 겨울에 낙엽이 되어 흙으로 돌아간다.

사람이 태어나 자라고 성장하여 늙고 병들어 죽는다.

이것이 자연의 생로병사의 원리요, 생멸(生滅)의 원리이니 이 순환의 법칙을 거역할 수 없다.

사람은 자연의 법칙에 비하면 미미한 존재로서 그 법칙을 알고 그 법칙에 순응하고 순리에 따라 살면 고통은 없다.

자연의 법칙은 평등하고 평등의 법칙은 순종이다. 자연의 풀잎은 바람 부는 대로 바람 따라 고개를 숙이고 복종한다.

고통을 받는 것은 이 순환의 법칙을 어기고 욕망에 사로잡혀 가지려고 하면 고통이 있고 버리면 고통은 사라진다.

집착이 사라지고, 고통이 사라지고, 근심이 사라진다.

우리는 사소한 것도 버리지 못한다.

버려야 담을 수 있고 채울 수 있고, 버려야 얻을 수 있고, 버려야 지혜가 열리고, 버려야 욕망이 사라지고, 버려야 집착이 사라지고, 버려야 근심, 걱정, 괴로움이 사라지고, 고통이 사라진다.

버려야 마음이 가벼워지는 것을 버리지 못한다.

사소한 것도 이해하지 못하고 사소한 것도 양보할 줄 모르고 시기하고 질투하고 시비가 벌어진다. 먹이에 의존하고 코 밑에 가로 놓인 한 치의 입을 채우기 위해 아귀다툼을 벌리는 것은 동물의 삶이다.

사람으로 태어나 왜 동물의 습성을 버리지 못하는가?

이웃끼리 나누어 가지는 정이 사라지고 서로를 경계하며 정을 나누지 않는다.

조금씩 양보하라.
조금씩 이해하라.
조금씩 베풀어라.

조금씩 양보하면 근심, 걱정, 괴로움은 사라진다.

고통과 괴로움은 만족할 줄 모르고 감사할 줄 모르고 사랑할 줄 모르기 때문에 근심, 걱정, 괴로움이 있다.

감사에 인색하지 마라.
사랑에 인색하지 마라.
나눔에 인색하지 마라.

인간은 감사에 의해 행복을 느끼고 사랑에 의해 행복을 느끼고 나눔에 행복을 느낀다. 감사할 줄 모르고 사랑할 줄 모르고 나누어 가질 줄 모르는 사람은 행복을 모른다.

조금씩 양보하고 이해하고 나누어 가져라. 감사하라. 사랑하라. 고통도 없고 근심, 걱정, 괴로움도 없고 행복하다.

조금만 배려하고 조금만 마음을 비워보아라. 마음의 문이 열려 세상이 넓게 보이고 근심, 걱정, 괴로움은 모두 사라진다.

"한 순간을 참으면 백날이 편안하다."고 하였다. 근심, 걱정, 괴로움은 한 순간에 이루어짐을 잊지 말고 사랑하면 고통의 세계에서 벗어나 영원한 행복을 누린다.

예, 선생님 말씀을 듣고 보니 사람이 사는 것은 다 고통입니다. 태어나는 것이 고통이요, 죽는 것이 고통이요, 사는 것이 다 고통입니다.

이런 삶을 사람들은 운명이라 합니다. 운명을 믿는 사람과 부정하는 사람으로 양분되어 있습니다.

운명은 있는가

운명은 자기 노력에 의해 바뀔 수도 있고 행운이 따라 바뀔 수도 있고 덕을 베풀어 바뀔 수도 있다. 자기 스스로 하지 않으면 아무것도 개선되지 않고 운명도 바꿀 수 없다.

조선시대 사도세자 아들이자 영조대왕의 스승이며 영의정을 지낸 채제공 번암의 운명은 빈(貧)과 귀(貴)였다.
제공은 가난한 집안에 태어나 일찍이 양친부모를 잃고 고아가 되어 걸식을 하며 밥을 얻어먹고 살다가 어느 부잣집에 들어가 심부름을 하며 살았다.

어느 여름날 사랑방에 도력이 높으신 귀한 손님이 집을 방문하여 주인어른과 함께 점심을 먹고 있었다.

이때 제공은 심부름을 하며 일을 하고 있었다.

대청마루에서 점심 먹고 있던 손님이 일하는 아이를 유심히 살펴보고 주인에게 저 아이는 누구냐고 물었다.

주인이 저 아이는 부모가 없어 오고 갈데없는 아이라서 거두어 주고 있다고 했다.

손님이 주인에게 저 아이를 집에서 내보내라고 하였다.

주인이 이유를 묻자 저 아이는 보기 드문 빈상이라서 저 아이가 집에 있으면 될 일도 안 되고 재앙이 따르니 어서 빨리 내보내라고 하였다.

집을 나온 제공은 이집 저집 다니며 밥을 얻어먹고 다니다 하루는 시장에 가서 숯을 파는 노인을 만나 심부름을 하다가 노인을 따라 숯을 굽는 숯가마로 갔다.

노인 역시 가족이 아무도 없어 서로 외로운 처지라 제공은 일은 고단해도 숯을 구어 시장에 팔아 곡식을 구해 밥을 해서 먹으니 의식 걱정은 없었다. 이집 저집 다니며 밥을 얻어먹는 것보다 이곳이 났다고 생각하고 일을 하며 몇 년을 보내게 되었다.

숯을 구어 부잣집에 1~2달씩 대어 주기도 했다.

하루는 노인이 숯 값을 받아 오라고 하였다.

제공은 마을로 내려가서 숯 값을 받아가지고 오다 허름한 집에서 여자의 울음소리가 들렀다.

제공은 울음소리를 따라 집으로 들어가니 젊은 아주머니가 이제 막 태어난 아이를 가슴에 품고 울고 있었다.

제공은 무슨 사연 때문에 그렇게 우느냐고 물었다.

아주머니는 울면서 아이가 젖을 달라고 하는데 어미된 내가 먹지 못해 젖이 나지 않으니 아이에게 죄를 지은 것 같아 슬프다고 말했다.

제공은 숯 값으로 받은 돈을 다 주면서 이 돈으로 곡식을 사서 밥을 해먹으라고 하였다.

숯 값으로 받은 돈을 다 주었으니 노인에게 날벼락이 떨어질 것인데 그런 걱정은 들지 않고 마음 속에서 기쁨이 샘솟았다. 생전 처음 느껴보는 기쁨이었다.

제공은 싱글벙글 웃으면서 숯가마로 돌아왔다.

노인은 돈을 받았냐고 물었다.

예, 받았습니다.

제공은 돈을 받아 아주머니를 주었다고 말하였다.

노인은 빙그레 미소를 지으며 나무라지 않았다.

얼마 후 노인이 죽었다.

제공은 노인이 하던 숯가마를 지키며 숯을 계속 구워 팔아 돈이 생기면 가난하고 어려움 사람을 위해 다 주어버렸다.

숯을 구어 팔며 지내기를 몇 년을 지내다 보니 어느 정도 성장하여 이제는 아무데를 가도 밥 벌이는 할 수 있으리라 생각하고 지난번에 살았던 부잣집으로 갔다.

그때 마침 도력이 높으신 귀한 손님이 와 계셨다.

손님이 주인을 보고 저 아이는 누구냐고 물었다.

주인이 저 아이는 오고 갈데없는 아이라고 말하였다.

손님이 저 아이는 보기 드문 귀상이라 재상이 될 재목이니 공부를 시켜보라고 하였다.

지난 번의 빈상이 귀상으로 바뀌는 순간이었다.

그 이후 제공은 부자 어른의 후원으로 공부를 하고 과거에 급제하여 영조대왕의 스승이 되고 영의정을 지냈다는 채제공의 일화이다.

채제공의 빈상이 귀상으로 바뀐 것은 숯을 팔아 어려운 사람들에게 베풀어준 공덕이다. 덕을 계속 베푸니 얼굴에 웃음이 가득하여 귀인으로 바뀌었다.

사람의 운명은 태어날 때 부여받은 운명에 따라 산다는 말을 그대로 믿고 받아들이는 사람만큼 어리석은 사람은 없다. 사주가 아무리 좋아도 관상만 못하고, 관상이 아무리 좋아도 덕만 못하다고 하였다. 선천적으로 타고난 운명도 나의 노력에 의해 바꿀 수 있다는 사실이다.

베풀면서 살면 악운도 행운으로 바뀐다.

사람에게는 일생에 3번 행운의 운이 깃든다고 하였다.

행운의 운이 들어도 덕이 없고 게으르면 행운의 기회를 놓치고, 덕이 있고 성실하면 행운을 잡고 악운도 비껴간다고 했으니 베풀면서 살아야 한다.

운명은 자신의 노력에 의해 바뀐다.

자신과의 싸움에서 이기는 자가 승자이다. 자신을 다시 보고 자신에게 성실해야 승자가 되고 운명도 바뀐다.

운명론은 자연의 변화무쌍한 원리를 설명하여 달도 차면 기울고 꽃잎이 피고 지는 것처럼 운명은 고정되어 있는 것이 아니라 돌고 도는 자연의 원리를 설명하여 하늘의 도(道)를 인간에게 접목시켜 인간의 사악한 마음을 순화(純化)하고 인간의 본성을 찾아 사람답게 살라는 것이 동양철학의 운명론이다.

인간의 삶이 태어날 때 결정된 운명이라면 현재의 노력이 필요 있겠는가? 부자가 될 자는 부자가 되고 가난할 자는 가난하고 고통 받을 자는 고통 받고 건강할 자는 건강하고 허약할 자는 허약하고 요사(夭死)할 자는 요사하고 장수(長壽)할 자는 장수할 것인데, 구태 여 노력할 필요가 있겠는가? 운명이 정해져 있다면 그야말로 삶의 의미가 없을 것이니 그것은 생명 없는 죽음의 삶이다.

우리는 운명이니 팔자니 하면서 살아가고 있다. "그것도 운명 이겠지!" "운명이니까 할 수 없지!" "타고난 팔자를 누가 말릴 수 있나!" 하고 팔자타령을 하고 산다.

어떤 사람은 팔자가 좋아 행복하고 어떤 사람은 팔자가 나빠 불 행하고, 어떤 사람은 팔자가 좋아 잘 살고 어떤 사람은 팔자가 나 빠 못살고 하는 등 나름대로 삶의 정의를 내리고 있다.

어린 시절 집안이 가난하여 많이 배우지 못한 사람들도 자신의 소질을 찾아 노력하는 사람들이 성공하는 경우도 적지 않고, 어린 시절 집안이 부유하여 많이 배운 사람들도 실패하는 경우도 적지 않다. 좋은 환경에 태어난 사람이라 할지라도 꼭 성공하는 것은 아니다. 그들도 실패는 있고 불행한 환경에 태어난 사람들도 성공 하는 경우도 적지 않다.

사람의 운명은 어떻게 태어났느냐가 문제가 아니라 어떻게 사 느냐가 문제이다.

인생에서 가장 중요한 것은 자기 자신을 발견하는 데 있다. 골 프 황제 타이거 우즈는 3살 때부터 골프를 배워 골프 황제가 되었 고, 아인슈타인은 다른 학문은 제로였으나 공상이 풍부하여 물리 학자가 되었다. 그는 "공상은 지식보다 중요하다."고 했다. 성공은 자신의 소질을 찾아 성실할 때 성공하고 운명도 바뀐다.

환경이 사람을 만드는 것이 아니라 사람이 환경을 만든다. 행운의 운명은 언제든지 바뀔 수 있다.

행복한 환경을 만드는 것도 자신에게 있고 불행한 환경을 만드는 것도 자신에게 있다. 자기 스스로 불행하다고 느낄 때 불행하고 행복하다고 느끼면 행복하다.

삶을 감사로 받아들이면 행복하다.

자신이 하고 있는 일을 재미없어 하는 사람치고 성공하는 사람은 없다. 인생은 고통을 맛보지 않으면 쾌락도 맛볼 수 없다. 일하는 재미에서 행복을 얻는다.

성공은 노력의 산물이다.

천재는 1%의 영감과 99%의 땀으로 이루어진다. 게으름은 운명을 바꿀 수 없고 성공할 수도 없다.

행복하기를 원하거든 자신에게 주어진 재능을 갈고 닦아 성실하게 노력하는 사람만이 성공한다.

이 세상에는 좋은 환경에 태어난 사람보다 불행한 환경에 태어난 사람들이 더 많다. 그들도 누구의 도움도 받지 않고 자수성가로 성공하였다. 이것이 어찌 운명이라 할 수 있겠는가? 그것은 운명이 아니라 자신의 노력이다.

사람은 태어나면서부터 서로 다른 환경에 태어났다.

어떤 사람은 건강하게 어떤 사람은 허약하게, 어떤 사람은 부유하게 어떤 사람은 가난하게, 어떤 사람은 총명하게, 어떤 사람은 아둔하게, 어떤 사람은 크게, 어떤 사람은 작게 사람마다 다른 운명으로 태어났지만, 잘 살고 못사는 것은 성실에 달려 있다.

신은 각자 다른 재능을 주었다. 고루 나누어줌으로써 공평성을 유지하고 있다.

사람의 지혜는 각자 다르므로 한 사람이 여러 가지를 다 잘할 수는 없다. 누구나 한 가지 정도는 잘할 수 있는데 그것이 바로 그들의 재산이다. 자신만이 가진 지혜 재주·소질·아이디어다. 그 재산은 다른 사람이 가져갈 수 없고 누구에게도 줄 수 없는 큰 재산이다.

지혜·재주·소질이 있어도 그 재주를 살려 일하지 않으면 그 재주는 죽은 재주요. 죽은 소질이다. 재주를 놀리고 소질을 놀리는 것은 죽음을 자초하여 불행을 예고하고 소질을 살려 일을 하는 것은 행복의 예고이다.

자신의 노력은 하지 않고 운이 트이기를 바라거나, 요행을 바라거나, 남을 의지하고 사는 것은 어리석은 사람이다.

일해서 얻은 빵을 먹어보지 않은 사람은 빵의 진미를 모른다고 했다. 땀으로 얻은 빵이 진미이다.

행운의 운명은 자신에게 부여된 재능을 살려 노력한 사람들이 누리는 행운이요, 그들만이 누리는 행복이다.

재능을 놀리면서 부족함을 탓하면 안 된다. 자신의 재능이 무엇인지 다시 보고 일을 해야 한다.

사람이 운명대로 산다는 달은 책임회피이다.

자신은 최선의 노력은 하지 않고 운명 탓으로 돌리는 것은 책임회피이다. 용기 있는 자가 기인을 얻는다. 두려움은 죽음으로 인도하고 희망은 성공으로 인도한다. 꿈과 희망이 없는 삶은 생명이 없는 삶이다. 희망은 행복의 지름길이다. 희망은 잠자고 있는 너의 영혼을 깨운다. 일하는 곳에 길이 있고 일하는 곳에 희망이 있다. 자신의 행동을 낮게 하고 희망을 높게 가져라. 그리고 그 꿈과 희망이 이루어지도록 노력하라. 노동은 생명이요, 희망이다. 현명한 자는 기회를 행운으로 바꾼다.

기회는 새와 같아서 날아가기 전에 잡아야 한다.

지나간 시간을 후회하지 마라. 지금 그대가 무엇을 하고 있는지 다시 보아라. 다시 보고 그대의 소질을 살려 창조하라. 생각을 바꿀 수 있는 용기를 가져라. 그리고 변화하라. 두려워하지 마라. 용기와 자신감을 가져라 일하지 않으면 성공은 그림의 떡이다.

열정을 바쳐 도전하라. 신명을 바쳐 창조하라.

성공하기 위해서는 실패를 두려워하지 마라. 실패는 성공의 어머니다. 실패보다 더 큰 재산은 없다. 실패를 했다 해서 좌절하지 마라. 기회는 꿈과 희망을 가진 사람에게 찾아온다.

최고의 교훈은 과거의 실수로부터 얻어지고 과거의 실수는 미래의 지혜이다.

귀중한 시간을 흘러 보내지 말고, 자신이 할 수 있는 작은 것부터 시작하라. 경험도 없이 큰 것부터 시작하면 실패의 예고이다.

시간을 갖는 사람이 인생을 갖는다. 지금 시작하라. 지금도 늦지 않았다.

포기하지 마라. 희망을 가지고 도전하라. 정열을 다 바쳐 노력하라. 그대는 행운의 운명으로 바뀌느니라.

예, 선생님. 사람은 태어날 때 부여받은 운명대로 산다는 말은 잘못된 말이군요. 사람들은 운명을 바꾸기 위해 교육을 받고 신을 섬기고 종교를 믿습니다.

신은 있는가

저는 절에 다니면서 스님들께 법문을 들을 때마다 의문이 있습니다. 불교는 신을 믿지 않습니다. 신은 있습니까? 없습니까? 신에 대해 자세히 설명해 주시기 바랍니다.

칸트는 사람은 행복하게 살기 위해 신을 채용했다고 했다. 사람은 더 잘 살기 위해 학문을 배우고 윤리를 익히고 신을 섬기고 종교를 믿는다. 신이 있느냐 없느냐 이 질문은 여러 설이 있지만, 모두 신을 믿지는 않으면서도 신을 부정하지는 않는다. 신의 개념은 사람마다 다르고 나라마다 다르고 지방마다 다르고 종교마다 다르다. 신은 그 나라의 창조주로 등장하기도 하고 부족의 신화로도 등장하기도 한다.

신은 우월성을 나타내는 상징이며, 초월적인 힘을 가지고 인간의 길흉화복을 다스리는 절대자로 믿고 있다.

눈에 보이지도 않고 귀에 들리지 않는 신의 존재를 누가 믿을 수 있겠는가? 만약 신이 있다면 어디에 있는가? 하늘에 있는가, 땅에 있는가, 허공에 있는가, 물속에 있는가, 산에 있는가, 들에 있는가, 집에 있는가? 어떻게 생겼을까? 무시무시한 악마처럼 생겼을까, 어린아이 모습처럼 방긋방긋 웃는 모습일까? 그야말로 수수께끼가 아닐 수 없다.

삼신 사상

우리 민족은 예로부터 삼신(三神) 사상을 숭배하고 있다.

삼신은 단순신화에 나온 환인(桓因)·환웅(桓雄)·단군(檀君)을 말하며 삼성(三聖)이라고도 한다.

환인은 우주의 주인으로 하느님·하나님·하늘님·천신·천왕·옥황상제 등으로 불리고 있다.

환인은 천계(天界)의 주인으로서 우주를 지배하고, 환웅은 하느님의 아들로 신과 인간의 중간적 존재로서 단군을 낳고, 단군은 환웅의 아들로서 우리 민족의 시조이시다.

우리 민족은 생명을 존중하는 홍익인간(弘益人間) 사상을 개국이념으로 삼는 빼어난 민족이다. 때문에 어느 민족보다 탄생의 축제를 경건하게 하였다.

아이를 낳으면 미역국과 밥을 각각 한 그릇씩 차려 아이를 점지해준 삼신에게 감사를 드리고 산모나 신생아를 위해 삼신 할머님께 삼신상을 차려 올리고 산모의 건강과 신생아의 축복을 빌었다.

이 삼신 사상은 뿌리 깊이 내려온 우리 민족의 민간신앙이다.

토속신앙

우리 민족의 토속신앙은 웅녀가 신단수(神檀樹) 아래서 자식을 갖게 해달라고 기원한 데에서 유래한 것으로 본다.

우리나라에는 대략 300여 종의 토속신앙이 있다.

예컨대 천신·지신·산신·수신 등이 있고, 마을 입구나 마을 뒷동산에 탑을 쌓거나 나무나 돌로 다듬어 모셔놓은 장승, 즉 천하대장군·지하여장군과 집안을 다스리는 조왕신 등 이름도 알 수 없는 신을 믿어 왔으며, 지금도 믿고 있고 앞으로도 믿으리라 본다.

우리 조상들이 믿어온 토속신이 있느냐 없느냐 하는 것은 별문제이다. 그것보다도 더 중요한 것은 그 쓰임과 행위 그 자체이다.

마음의 신념과 확신으로 하늘에는 하느님이 계시니 하늘 밑에서 부끄러운 행위를 할 수 없으니 오직 하느님께 감사하고, 땅이 있어 살고 있으니 지신께 감사하고, 물이 있어 살고 있으니 수신께 감사하고, 산이 있어 살고 있으니 산신께 감사하고, 조상이 있어 내가 있으니 조상님들께 감사하는 마음이다.

신을 의지하고 감사하는 마음, 하늘에 대한 한 점의 부끄러운 행위를 하지 않으려는 마음, 남편의 허물을 덮어 주는 마음, 자식을 사랑하는 마음으로 신께 빌고 기도하고 나보다는 가족을 위하고 사회를 위하고 이웃과 더불어 살려는 어머니의 소박한 꿈이요 희망이니 어느 누가 그 믿음을 탓할 수 있겠는가?

신에 순종하고 자연의 순리에 순응하는 마음이 진리라 생각하고 신을 믿었다. 이것은 어찌 보면 신께 구속되는 삶으로 보일 수도 있지만, 사실 이러한 삶은 한 점의 부끄러운 허물이라도 짓지 않으려는 진실의 표현이다. 신께 감사하는 삶이라 할 수 있다.

신을 믿음으로써 신은 내 마음속에 있고 신은 초월적인 힘을 가지고 인간의 길흉화복을 다스리는 제왕으로 받들고 믿었기에 오늘도 신의 제단을 높이 쌓고 신의 제단 앞에 모여 앉아 나의 뜻을 영매에 실어 하늘에 상달하고 있다.

우리 조상들은 어려운 생활 속에서도 신들과 어울리고 섬기면서 수많은 어려움을 이겨나가는 방편으로 삼았다.

나의 진솔한 뜻을 영매의 매체에 실어 하늘에 상달하고 하늘의 명을 받고자 했던 우리 조상들을 누가 그를 탓할 수 있으며, 누가 그를 미신이요, 이단이요, 마귀라고 할 것인가?

진솔한 믿음은 자비·사랑·희망의 생명수이고, 몸속에 흐르고 있는 양심의 생명수이다. 그 생명수를 찾기 위해 믿는다.

산신

산신(山神)은 우리 민족의 시조이신 단군이 고조선을 개국하여 1500년을 다스리다 인간 세상의 명(命)을 다하시고 신계(神界)의 하늘로 돌아가지 않고 단군께서 사랑하시던 아름다운 금수강산을 수호하려고 아사달에서 자연신인 산신이 되어 아름다운 금수강산과 국토를 수호하고 있다.

우리 민족이 믿는 토속신앙 중에서 가장 많이 믿고 능력이 있다고 믿는 것도 산신이다. 나라에 재앙이 있거나 흉년이 들면 천신과 산신께 빌었다.

흰옷을 입은 백발노인의 모습으로 호랑이를 타고 다니는 산신은 영험하고 큰 능력이 있다고 믿어 왔다.

우리나라 불교에도 산신 신앙이 있다.

절에 산신각이 따로 있는데, 절을 수호하는 수호신으로 모시고, 재가불자들도 영험이 있다고 하여 경배하고 있다.

우리는 하느님의 자손으로서 백의민족이라 부르고 있다.

몸도 마음도 비단결같이 깨끗하고 고운 마음이란 뜻이다. 안으로는 비단결 같이 맑고 겉으로 백옥과 같이 깨끗하다는 뜻으로 흰옷을 입고 사는 민족이다.

양심이 법인 줄 알고 법은 없어도 양심을 속이는 것은 죄가 되므로 고개 숙이며 살아온 민족이다.

법을 몰라도 사는 데는 거리낌이 없고 두려움이 없으나 양심을 속이는 것은 죄가 되어 양심에 부대끼어 잠 못 이루고 사는 것이 백의민족의 삶이었으니 무엇을 믿을 것인가? 삶이 법이고 믿음이니 무엇을 신이라 하고, 종교라 하고, 윤리라 할 것인가?

하느님의 자손으로서 홍익인간(弘益人間)이요, 우리의 삶 자체가 윤리였다. 마음을 더럽히는 것이 죄요, 몸을 더럽히는 것이 죄요, 손발을 더럽히는 것이 죄라 생각하고 죄 지은 몸으로 하늘을 볼 수 없어 고개 숙이며 살아온 민족이니 어느 민족보다 신에게 순종하는 민족이다.

우리 민족을 백의민족이라 했으나 지금은 그 기상이 무너지고 있다. 홍익인간 사상이 무너지고, 양심이 무너지고, 의리가 무너지고, 정의가 무너지고 있다. 법왕께서는 신에 대해 다음과 같이 말씀하셨다.

법왕께서 몸이 불편하여 열반에 드시기 얼마 전 아난다가 세존께 물었다.

"세존이시여, 세존께서 열반하신 후 누구를 의지해야 할까요."

세존께서 말씀하시기를 "마땅히 자신을 등불로 삼고 법을 등불로 삼고, 자신을 기둥으로 삼고 법을 기둥으로 삼고, 자신을 피난처로 삼고 법을 피난처로 삼고, 자신에게 귀의하고 법에 귀의하고, 자신에게 의지하고 법에 의지하고, 다른 것에 의지하지 마라. 나를 의지하지 말고 자신의 마음을 깨닫도록 수행하라. 너희가 나를 믿고 따른다면 마음을 깨닫도록 수행하고 내 가르침을 실천하라."하시며 법왕의 진면목을 들어내 보이시니 법왕은 참으로 거룩하신 분이시다.

칸트는 "신(神)은 자유 불사(不死)요, 신성(神性)은 나의 마음 깊이 존재하는 내면의 그것이므로 신의 성품은 사랑·윤리·정의이다. 이성을 가진 사람이 신이 따로 있다고 고집하면 그것은 사견(邪見)이다. 사견은 단지 우연적 신앙에 지나지 않는다. 그러나 진리의 경우 그것은 필연적 신앙이다."라고 하였고, 간디는 "나는 신을 보지도 못하고 알지도 못한다. 신의 성품은 마음 깊이 내면에 흐르고 있는 소리에 귀를 기울이며, 이에 따르는 것을 유일한 신조로 삼고 있다. 나는 양심과 이성이라는 윤리적 바탕에서 이루어진 것이 진리이며, 그 진리를 믿는 것이 신앙이다. 종교 그것이 제아무리 교묘하더라도 이성과 윤리에 위배된다면, 나는 어떤 해석에도 얽매이는 것을 거부한다."고 하였다.

여기서 보았듯이 신은 실체가 있는 것이 아니므로 우리는 진리를 추구하는 신앙을 가져야 한다.

우리가 주의해야 할 것은 우상과 신앙을 분명히 구분할 줄 알아야 한다. 만약 어떤 사람이 맹목적으로 신을 믿는다면 그것은 우상이다. 그 이유는 우상에는 진리가 없기 때문이다.

진리가 없는 신앙은 허무주의, 신비주의, 우월주의에 빠지고 신의 노예가 되어 두려워하게 된다.

신에게 울고불고 땅을 치며 매달려도 신은 나에게 아무것도 해주지 못한다.

신은 나의 욕망을 채워주지 못했고, 질병을 고쳐주지 못했고, 시험을 합격시켜 주지 못했고, 복을 주지 못했고, 재앙을 막아주지 못했고, 죽음을 막아주지 못했으니 신만을 맹신하는 것은 잘못된 신앙이다.

하나님은 하늘에 있고, 부처님은 절에 있는가?

하나님과 부처님은 각자 자신의 마음속에 있다.

절에 모셔 놓은 부처님 상은 부처님이 아니라 조각품이다.

부처님 상을 모신 것은 신앙인들의 신심이 일어나게 하는 방편이다. 믿음은 믿음의 대상이 있어야 신심을 낼 수 있으니 믿음의 상징으로 그 상을 모시고 믿는다.

우리는 절에 가야 부처가 있는 줄 알지만, 집에 있는 부처를 모르고, 마음속에 있는 부처를 모르고 있다.

집에는 부모님이 계시고 남편이 있고 아내가 있고 자식이 있고 가족들이 있다. 그들이 다 부처요, 그들을 잘 모시는 것이 부처님 가르침을 실천하는 일이다. 부처님 가르침을 실천하는 사람이 바르게 믿는 사람이다.

우주의 주인이신 하나님·천신·옥황상제를 기독교뿐만 아니라 우리 모두 믿고 있다. 이름이 다르고 믿는 방법이 다르다고 해서 아니라고 할 수는 없다.

무속인들이 옥황상제께 비는 것이나 어머니들이 장독대에 정안수를 떠놓고 천신께 비는 것도 모두 하나님을 믿는 것이다.

이때 중요한 것은 누가 진솔한 마음으로 하나님을 믿느냐이다. 하나님의 성품은 사랑·윤리·정의이므로 누가 그 성품을 실천하느냐이다. 하나님을 믿어도 사랑의 실천이 없으면 죽은 신앙이요, 그것을 실천하면 살아 있는 신앙이다.

법왕께서도 신을 부정하지는 않았다.

법왕께서 보리수나무 아래서 득도하실 때 마왕이 유혹을 하였으나 법왕께서는 그 유혹에 넘어가지 않고 끝까지 정진하여 도를 깨달으니 마왕이 법왕 앞에 무릎을 꿇고 "거룩하신 성자시여!" 하고 찬양하며 예를 올렸다.

독일의 철학자 니체는 "신은 죽었다."고 했다. 그는 신은 죽어 없으므로 죽은 신을 믿는 것은 허구라 하며, 기독교를 비판한 바 있다.

신은 없는 것이 아니라 각자 자신의 마음속에 있으니 없다고 할 수 없다. 누구나 믿으면 신이 있고 믿지 않으면 없다.

그러나 우리는 신의 노예가 되어 있다.

"신의 노예가 되지 마라." "우리가 인식할 수 있는 진리를 믿어라." 믿음은 신을 섬기든 율법을 믿든 우리의 최고 지향점은 잘 살기 위해서 신을 섬기고 종교를 믿는다.

잘 살기를 원하거든 눈에 보이지 않는 신이라는 허무주의를 믿는 것이 아니라 우리가 인식할 수 있는 신의 성품을 믿어야 한다.

신은 우주 공간을 제물로 받는 무형(無形)의 존재로서 현상계에 있는 것이 아니라 칸트와 간디가 말했듯이 신은 각자 자신의 마음속에 있다.

그 이유는 하나님을 믿고 예수를 믿는 기독교인들이 꿈이나 기도로서 부처님을 보고 관세음보살을 보았다는 사람이 없고, 불교를 믿는 사람들 역시 하나님이나 예수를 보았다는 사람이 없다.

그들은 모두 자신들이 믿는 신을 본다.

기독교인들은 예수를 보고 불교인들은 관세음보살을 본다.

신은 내가 믿음으로써 있다. 믿지 않으면 신은 나와는 아무 관계가 없다. 믿음으로써 신은 초월적인 힘을 갖는다. 신에게 초월적인 힘을 부여해 주고 그 신을 믿는다.

내가 믿음으로써 신이 부활하고 신의 부활은 본래 나의 성품인 사랑·윤리·정의를 찾기 위해 부활한다.

"신의 정의도 모르면서 맹목적으로 신을 믿지 마라. 신을 믿으려면 신의 성품인 사랑·윤리·정의가 진리라 믿어라. 그것이 바르게 믿는 것이니라."

사람은 태어날 때 신의 성품인 사랑·윤리·정의를 부여받고 태어났으나 인간이란 껍질을 뒤집어쓰고 신의 성품을 잊고 살고 있으므로 신앙을 통해 사랑·윤리·정의를 찾으려 한다.

신앙이 깊어질수록 자신의 본성을 찾고 신의 성품을 찾아 사랑·윤리·정의를 실천하면 누구나 자유를 얻어 행복할 수 있다. 이 행복을 찾기 위해 신을 섬기고 종교를 믿는다.

신은 눈에 보이지도 않고 음성을 들을 수도 없다.

그렇기 때문에 현대인들은 신을 이해할 수 없을지도 모른다. 물질 만능시대에 살고 있는 현대인들에게는 신이란 가상적인 용어가 되기 쉽다.

대개의 사람들은 눈에 보이는 현실만을 믿으려 하고 눈에 보이지 않는 것은 믿지 않는다. 과학에 역행하는 미신행위라고 반문하며 의심할 것이다.

법왕께서 설법하신 진리는 사랑·윤리·정의가 진리이다. 자비를 베풀고 자기 사랑이 아니라 이웃 사랑이 진리이다.

그런 진리를 믿지 못하고 신비주의, 우월주의에 빠져 신의 노예가 되지 마라.

신은 절대적인 힘을 가진 성스러운 존재로서 신을 섬기는 것은 한 점의 부끄러운 허물이라도 짓지 않으려는 진실의 표현이요, 양심의 표현이다.

신은 초월적인 힘을 가진 성스러운 존재로서 신 앞에서는 조그마한 양심이라도 속이는 것은 죄가 되므로 나의 진솔한 뜻을 영매에 실어 하늘에 기원했다.

신은 우주를 지배하고 초월적인 힘을 가지고 인간의 길흉화복을 다스리는 절대자로 모시고 기원하며 빌었다.

신은 내가 살고 있는 무한한 공간에서 우주를 지배하고 자연을 지배하고 있다.

신은 시공을 초월하여 시간적으로 끊임없는 새로운 역사가 신의 수명이요. 공간적으로 무수한 현상계가 신에게 바쳐진 성스러운 제물이다.

우주의 공간을 제물로 받고 무한한 권능의 힘으로 신화를 창조하고 역사·문화·종교를 창조하고, 종교는 진리를 창조하고, 신은 종교의 대상이 되어 인간의 길흉화복을 다스리는 신의 권능자로서 인간을 지배하고 있으니 하늘에 계시는 신에게 한 점의 부끄러운 행위를 해서는 안 된다.

하늘에 계시는 신은 우리의 마음을 다 알고 있다.

법왕께서는 신을 부정하는 것이 아니라 진리의 말씀으로 신을 항복 받아 굴복시키므로 진리의 제왕이시다. 진리의 제왕으로서 삼계를 구원하신다.

하늘은 신이 지배하는 대우주라면 인간은 마음이 지배하는 소우주이다. 소우주를 지배하는 마음을 다스려 항복 받으므로 진리의 제왕이시다.

진리의 제왕으로서 법을 설하여 중생계의 모든 생명이 영적으로 부활하고 영적으로 깨어나 살아서는 행복을 얻고 죽어 영혼을 구원 받으라 하셨다.

법왕께서는 "자신을 믿지 마라. 어떤 신이나 우상도 믿지 마라. 진리의 법인 마음을 깨달아 자신의 마음에 의지하라." 하셨으니 진리의 스승이요, 진리의 제왕이시다.

　예, 선생님. 신은 있다고도 할 수 없고 없다고도 할 수 없는 것이 신입니다. 신을 믿는 사람은 신이 있고 신을 믿지 않는 사람은 신이 없으니 모두 마음의 신입니다. 마음의 신을 자기 마음대로 해석하고 믿습니다.

　신을 섬기고 종교를 믿음으로써 마음을 다스려 자신의 영혼을 구원하는 것입니다. 마음을 다스려 항복 받기 위해 신을 섬기고 종교를 믿습니다.

왜 종교를 믿는가

사람들은 왜 종교를 믿습니까? 종교는 신을 믿는 종교와 법을 믿는 종교로 양분되어 있습니다. 자세히 설명해 주시기 바랍니다.

종교를 믿지 마라. 석가모니는 불자가 아니었고, 예수도 기독교인이 아니었다. 사랑·윤리·정의가 진리이다. 진리를 믿어라. 진리를 믿지 않는 자, 모두 가짜다. 패자들이여! 진리를 외치지 마라. 마음이 요동치고, 진리가 파도를 친다. 창조·발전·용기·희망을 가진 자 승자이고, 희망이 없는 자 미래도 없으니 패자이다. 자기 사랑은 패자이고, 이웃 사랑은 승자이다. 승자는 용서할 수 있고, 패자는 용서할 수 없다. 이웃 사랑으로 승자가 되어 자유를 얻어라. 자기 사랑은 구속이고, 이웃 사랑은 자유이다.

신은 성스러운 존재로서 그 성품은 사랑·윤리·정의이므로 인간의 정신적 양식이요, 그 힘을 빌려 통상의 방법으로는 해결이 불가능한 인간의 죽음·불안·고뇌 등을 해결하기 위해서 우리는 신을 섬기고 종교를 믿는다.

기독교, 회교는 유일신을 섬기고 믿는 유신론이다. 유신론은 신을 섬김으로써 구원받고, 무신론은 법으로써 구원받는다. 유신론은 신을 믿고, 무신론은 법을 배우고 가르친다.

신을 섬기든 법을 믿든 자기 사랑이 아니라 이웃 사랑이다.

무신론은 신을 믿는 것이 아니라 진리의 법을 가르치고 믿는다. 법은 진리로서 사랑·윤리·정의이다.

사랑이 진리로서 신앙이 깊어질수록 윤리에 잘 길들여진 사람이라 할 수 있고 윤리를 실천하는 사람이라 할 수 있으므로 법을 믿는 사람은 어느 누구도 차별하지 않는다.

차별하지 않기 때문에 불교는 지금까지 어느 나라든 어느 지역이든 종파의 파벌은 있어도 불교인들끼리 분쟁이 없고 다툼이 없었다. 다툼이 없으므로 어디를 가든 한가족이다. 한가족이 되는 것은 진리는 하나로서 자비의 실천으로 자기 사랑이 아니라 이웃 사랑을 하기 때문이다.

유신론의 일신 종교는 다른 신을 믿는 것은 우상이요, 이단이라고 가르치고 있다.

유일신을 믿는 사람들은 같은 신을 믿으면서도 서로 이단이라고 비판하고 우월주의에 빠져 오늘날까지 분쟁이 계속되고 있으니 성인들께서 말씀하신 진리가 아니다. 자비도 아니고 사랑도 아니다.

진리는 하나이다.

개울에 흐르는 물이 결국에는 바다에 이르듯이 어느 종교를 믿든 사랑이라는 바다에 이르면 허물이 아니다.

허물은 사랑이 없는 위선자들이다

"위선자들이여! 진리를 외치지 마라. 사랑이라 외치지 마라. 너희가 진실로 위대한 자라면 자기 사랑이 아니라 이웃을 사랑하라. 당신이 믿는 신이 축복을 내리리라."

신을 섬기고 종교를 믿는 것은 물질적으로도 잘 살고 정신적으로 잘 살기 위해서이다.

그것은 사랑의 실천이요, 양심이다.

양심은 자비와 사랑을 거느리고 정의로 마음을 감시하고 있다. 양심을 속이고 신을 믿어야 구원을 받을 수 있다는 것은 사랑의 본질을 훼손할 수 있다.

신을 섬기지 않고 종교를 믿지 않는 사람이라 할지라도 사랑·윤리·정의를 실천하는 사람들은 그 누가 되었던 모두 구원을 받아야 옳다. 사랑은 실천하지 않고 입으로 믿는 것은 모두 가짜다.

믿음은 길흉화복을 다스리는 절대자이신 하나님·천신·옥황상제를 믿고, 가족의 행복과 번영을 빌고, 복을 빌어 왔다.

어머니들은 가족을 위하고, 남편을 위하고, 자식을 위해 장독대에 정안수를 떠놓고 빌어 왔다.

신을 믿지 않는 사람은 아무도 없다.

천신을 믿고, 지신을 믿고, 산신을 믿고, 수신을 믿고, 조상신을 믿고 가족들이 편안하기를 빌어 왔으므로 무신론은 없다. 무신론이라고 주장하는 사람들도 부모를 믿고 자기 자신을 믿지 않는 사람은 없다.

 율을 따르는 것이 구원의 길이고,
 법을 따르는 것이 구원의 길이고,
 진리 따르는 것이 구원의 길이네.

신을 섬기고 종교를 믿는 것은 악은 더러운 것이니 버리고 선은 좋은 것이니 가지기 위해 믿는다.

자비의 실천은 하지 않고 신을 믿는 것만으로 구원 받는다는 것은 동의할 수 없다. 믿기만 하고 자비를 베풀지 않고 입으로만 믿는 것은 모두 가짜다. 입으로 믿는 가짜들이여! 진리를 외치지 마라.

하나님이 노하시고 천사들이 분노하여 소리치며, 선지식들이 땅을 치고 통곡하며, 진리가 파도를 치고 사랑이 운다. 믿음은 신의 노예가 되는 것이 아니라 진리를 찬양하고 서로 사랑하는 것이 믿음이니라.

종교를 믿는 것은 누구를 위해서인가?

나를 위해서이다. 나를 위해 믿는다면 자비를 실천해야 한다. 자비의 실천은 하지 않고 입으로 믿는 것은 모두 가짜다. 요즈음은 가짜들이 판을 치고 있다.

"양심을 속이지 마라. 양심은 신이 보낸 사자라는 것을 기억하고 실천하라. 신이 축복하리라."

신은 누구의 허물도 탓하지 않는다. 어디에 살든 어디서 무엇을 하든, 잘한 일이든 못한 일이든, 잘 살든 못살든, 잘났든 못났든, 좋은 일이든 나쁜 일이든 각자 자기 스스로 해결하기를 바란다.

예, 선생님. 인간의 힘으로는 어찌할 수 없는 죽음·불안·고뇌 등을 해결하기 위해 신을 섬기고 종교를 믿습니다.

신을 섬기고 종교를 믿는 것은 마음의 양식입니다.

불교는 신을 믿지 않고 법을 가르치고 있습니다.

불교는 무신론인가

불교는 신을 믿는 것도 아니요, 율법을 믿는 것도 아니요, 마음을 깨닫는 종교라 했습니다. 불교에 대해 자세히 설명해 주시기 바랍니다.

불교는 무신론(無神論)으로서 신을 믿는 것도 아니요, 율법을 믿는 것도 아니요, 마음을 깨닫는 종교이다. 법왕께서는 신을 믿지 마라, 우상을 믿지 마라, 마음을 깨닫도록 수행하라 하시고 무신론을 밝히므로 불교는 무신론이 되었다. 불교는 신을 믿는 것이 아니라 무신론이라 하였으나 무신론으로 보기는 매우 어려운 점들이 많다. 그 이유는 법왕께서는 인간의 몸을 받고 이 세상에 태어나시기 전 과거 부처의 한 분으로서 중생계를 구원하기 위해 인간의 몸을 받고 태어나셨으니 법왕은 과거의 부처로서 신으로 모시는 것이 옳다고 본다.

불교(佛教)는 석가모니를 교조(教祖)로 삼고 법왕께서 설법하신 교법(教法)을 종지(宗旨)로 하는 종교이다.

법왕께서는 보리수나무 아래서 6년의 고행 끝에 깨달음을 얻어 '불타(佛陀)'가 되셨다. 음력 12월 8일 35세 때 새벽 동틀 무렵에 깨달으셨다.

'불타(佛陀)'란 '각자(覺者)' '붓다' '깨달은 사람'이란 뜻이다. '불타'는 줄여서 '불(佛)' '법왕'이라 하고, '불의 가르침'을 완성하는 것이 성불이다.

불교의 특징은 '불의 가르침'을 배우고 동시에 그 가르침을 실천함으로써 우리 자신 스스로도 '불'이 될 수 있다는 것이다.

불교를 믿고 배우고 실천하는 것은 '불의 가르침'인 동시에 '불이 되기 위한 가르침'이다. '불의 가르침'을 배우고 법왕의 법을 실천할 때 '불'이 된다.

법왕께서는 자신을 믿지 말고, 어떤 신이나 우상도 믿지 말며, 마음에 의지하고 법에 의지하고 마음을 깨닫도록 수행하라고 하셨다.

"마음속에는 부처가 있고 진리가 있다. 마음속에 있는 진리를 찾아 실천하라. 자비를 베풀고 사랑하라."

자기 사랑이 아니라 이웃을 사랑하고 자비를 베푸는 것이 법왕의 가르침이다.

법왕은 진리를 가르치기 위해 8만4천 법문을 하셨고, 특히 몸으로 실천하여 법왕께서 직접 바리를 들고 집집마다 다니시며 걸식을 하셨다.

법왕의 걸식은 단순히 밥을 얻으려 다닌 것이 아니라 불법의 전체를 몸으로 보여 주시고 가르쳐 주셨다.

법왕께서 직접 바리를 들고 걸식하며, 마음 다스리는 법을 가르쳐 주셨다. 고개를 숙이고 자신의 마음을 스스로 다스려 항복 받는 법을 가르쳐 주셨다.

불교는 마음을 깨달아 어떤 능력을 얻어 묘법을 일으키는 것이 아니라 하심(下心)이다. 마음을 낮추는 일이다.

자신의 마음을 다스려 마음을 항복 받아 자신을 낮추고 끝없는 자비를 베풀어 일체중생을 구원하는 것이 깨달은 사람의 행이요, 선지식의 행이다. 그 법을 실천할 때 '각자'가 되고 '붓다'가 된다.

불교는 먼저 자기 자신을 바르게 보고 바르게 알아 자신의 마음을 밝히는 데 있다. 바르게 보고 인과법에 대한 진리를 밝힌다.

바른 진리, 바른 도를 가르치고 있다.

지나친 욕망을 버리고 물질의 속박으로부터 벗어나 해탈의 자유를 얻을 수 있는 길을 가르치고 있다.

어리석은 자는 괴로움이요, 지혜로운 자는 즐거움이다.

한 생각 속에 어둠이 있고 밝음이 있고 한 생각 속에 괴로움이 있고 즐거움이 있고 한 생각 속에 지옥이 있고 극락이 있으니 자기 스스로 마음을 밝힌다. 법왕께서는 다음과 같이 말씀하셨다.

> 내가 먼저 법을 듣고 마땅히 존경하고 믿음을 내어
> 지성으로 듣고 공경하라. 바른 법에 대하여 허물을
> 찾지 마라. 바른 법을 듣고 먼저 내 몸을 제도하라.
> 그런 뒤에 남을 제도하라. 먼저 내 몸을 해탈하고 그
> 런 뒤에 남을 해탈하게 하라. 먼저 내 몸을 편안하게
> 하고 그런 뒤에 남을 편안하게 하라. 내가 먼저 깨닫
> 고 그런 뒤에 남을 깨닫게 하라. 법왕께서는 자신을
> 먼저 구원하라 하셨다.

불교는 마음을 깨닫는 종교로서 그 마음을 깨닫는 본질(本質)로 공(空)을 가르치고, 행법(行法)으로 중도(中道)를 가르치고, 현상(現狀)으로 인연(因緣)을 가르치고, 유위법(有爲法)으로 착한 법을 가르치

고, 무위법(無爲法)으로 열반(涅槃)에 이른다. 이 모든 가르침의 목적
은 오직 하나 마음을 다스려 근심, 걱정, 괴로움이 일어나는 원인
을 제거하는 데 있다.

마음의 오물을 다 제거하고 자신을 바르게 보고, 바르게 듣고,
바르게 행하면, 밝은 마음을 볼 수 있다.

마음 법은 만물을 창조하는 공(空)의 이치를 근본으로 삼고, 일
체 행과 수행의 길은 중도(中道)를 가르치고, 인연(因緣)으로 만법이
일어나고 사라짐을 가르치고, 유위법(有爲法)으로 선의 윤리도덕을
가르치고, 불교 최상의 경지인 열반(涅槃)에 이르도록 무위법(無爲法)
을 가르쳐 일체중생을 해탈(解脫)의 길로 인도하는 것이 불법이다.

이것이 불법의 요체이다.

법왕께서 설법하신 모든 경전이 다 불법이다.

선은 좋은 것이니 가지고 악은 더러운 것이니 버리라는 자비의
실천이다.

사람은 태어날 때 불성을 가지고 태어났고, 태어날 때 부여받은
성품이 사랑·윤리·정의요, 법은 이미 마음속에 다 갖추어져 있으
므로 법이 따로 있는 것은 아니다.

법왕께서도 나는 아무 말도 하지 않았다고 하셨다. 그리고 법왕
께서는 없는 법을 독창적으로 말씀하신 것이 아니라 누구나 마음
속에 이미 갖추어져 있는 법을 아는 것이 깨달음이라고 하셨다.

우리는 불성을 가지고 있고 법을 가지고 있으나 탐·진·치의 오
욕이라는 어리석은 마음에 먼지가 쌓여 자신의 맑고 깨끗한 불성
을 잊어버리고 있으므로 불성을 찾으라는 뜻으로 마음 법을 설명
한 것이 불법이요, 불경이다.

마음속에 있는 더러운 오물을 다 씻어내고 자신을 바
로 보아라. 바로 보고 법왕께서 가르치신 자비를 실
천하라. 이웃을 사랑하라. 그 길이 성불의 길이니라.

법은 자신의 마음속에 갖추어져 있지만 마음이 불성이요, 불법
이라고 해서 지음도 없고 닦음도 없어 업이 없는 것이 아니라 행
을 인연하여 삶이 있고, 삶을 인연하여 업이 있다.

깨끗한 불성은 온전하고 완전한 것이므로 그 무엇으로도 더럽
힐 수 없다. 어떠한 조작으로도 더럽힐 수 없는 맑고 깨끗한 법이
마음속에 있으므로 법이 따로 있는 것은 아니다.

법왕께서 설법하신 법문이 불법이라고 한 것은 중생을 깨닫게
하는 방편으로 보살의 입장에서 말하는 것이니, 우리는 선이 진리
라고 보아야 한다.

선법은 법왕의 가르침이요, 그 가르침을 실천하면 불도를 이루
는 것이고, 악은 더러운 것이니 악을 버리고 선을 실천해야 한다.
그것이 성불의 길이다.

청정한 불성의 자리에서 보면 법이 없고 업이 없어 지음도 없고
닦음도 없으나 보살의 입장에서 보면 업이 있어 그 업을 소멸하기
위해 버린다.

버려야 지혜가 열리고, 지혜가 열려야 깨달음을 얻고, 깨달음을
얻어야 지음도 없고 닦음도 없다. 마음을 닦아 버려야 얻고 버려
야 이루어지고 버려야 성불한다.

깨달음을 얻기 위해 먼저 보살도의 실천이다.

보살도를 실천하여 깨닫고 나면 자연히 지음도 없고 닦음도 없
고, 법도 없고 업이 없고, 행하는 것이 다 불법임을 알고 바르게 보

는 것이 진리이다.

　불교는 자신을 바르게 알고, 바르게 보고, 바르게 듣고, 바르게 믿어야 한다. 바르게 믿기 위해서는 ‘나는 누구인가’를 반복해서 질문하고 자신의 불성을 찾을 때까지 탐구해야 한다. 그때 자신의 불성을 찾는다.

　자신의 불성을 찾아 자신의 불성으로 자비를 베풀고 사랑을 나누고 보시하면, 그것이 불성의 종자가 되고 씨앗이 되어 성불할 수 있다.

　《보살계경》에 말하기를 “자성(自性)이 청정(淸淨)하고 식심견성(識心見性)하면 자성불도(自成佛道)다.”라고 했다. 자신의 마음이 깨끗함을 알고 실천하면 스스로 불도(佛道)를 이룬다.

　자신의 마음이 깨끗해야 상대의 깨끗함을 볼 수 있다.

　깨끗한 마음으로 보면 보는 것마다 깨끗하게 보이고 더러운 마음으로 보면 보는 것마다 더럽게 보인다. 보는 것마다 깨끗하게 보아야 한다. 깨끗한 마음이 보리심이다. 청정한 마음을 알고 보리심을 내어 실천하면 도는 스스로 이루어진다.

　불교는 학문으로 깨닫는 것이 아니라 얼마나 진솔한 마음으로 믿느냐 하는 데 있다.

　그것은 신심을 내고, 발심하는 일이다.

　발심은 성불의 시작이다. 시작은 곧 결과이다.

　발심 없이 성불 없고 발심 없는 결과도 없다.

　봄에 심은 씨앗은 가을어 열매가 열고, 그 열매는 봄에 심은 씨앗과 모양이나 현상이 조금도 다르지 않다. 처음 발심은 성불의 씨앗이고 성불은 그 열매이다.

　불씨는 어둠을 밝히고 발심은 마음을 밝힌다.

시작 없는 결실 없고 발심 없는 성불도 없다.

진솔하게 믿는 것이 불성의 씨앗을 심은 것이니 진솔한 마음으로 믿고 자비를 실천해야 한다.

우리 사회는 인간성을 회복하기 위해 많은 학문이 있다. 불경(佛經)이 있고, 성경(聖經)이 있고, 주역(周易)이 있고, 성리학(性理學)이 있고, 천부경(天符經)이 있고, 사서삼경(四書三經)이 있고, 그 외에도 수많은 학문이 있고, 그 학문으로 이론을 밝히고 있다.

학문의 원리를 훤히 다 알고 있다하더라도 그것은 깨달음은 아니다. 학문의 밑바탕에는 자비와 사랑이 있어야 한다.

자기 사랑이 아니라 이웃 사랑이다. 자비가 없으면 진리도 아니요, 깨달음도 아니다.

불교는 지혜를 얻어 마음으로 깨닫는 것이므로 학문을 많이 배워 지식을 다 갖추었다 하더라도 마음을 깨닫는 것만 못하고 자비를 실천하는 것만 못하고 사랑을 나누는 것만 못하다고 했다. 학문은 선하게도 쓸 수 있고 악하게도 쓸 수 있으나 자비의 성품은 이론으로도 더럽힐 수 없고 학문으로도 더럽힐 수 없고 조작으로도 더럽힐 수 없다.

깨끗한 마음의 불성은 영원히 변하지 않는다.

본래 깨끗한 것은 그 무엇으로도 더럽힐 수 없다.

하늘이 어둡다가도 구름이 개면 밝아지고, 옥이 진흙에 들어가도 변하지 않듯이 자비를 베풀고 자기 사랑이 아니라 이웃을 사랑하는 것이 성불의 길이다.

믿음은 학문을 많이 배우느냐 적게 배우느냐의 문제가 아니라 마음의 본성이 얼마나 깨끗하느냐에 달려 있다.

가사장삼의 법복을 입은 수행인들이 아라한·연각·정각 등을 얻었을 지라도 그 밑바탕에 자비의 실천이 없으면 그는 학문으로 깨달은 것이지 마음으로 깨달은 것이 아니다.

자비는 법왕의 가르침이다. 입으로 관세음보살을 아무리 외쳐도 자비가 없으면 죽은 신앙이다.

> "신분이 천한 것을 부끄러워할 것이 아니고 진리를
> 배워도 실천하지 않는 것이 부끄러워할 일이다."

학문을 많이 배워 다 알면서도 실천하지 않으면 모르는 그들보다도 못하다는 말이다.

불교 최상의 법은 자비의 실천이요, 사랑이다.

맑고 깨끗한 보석이 거울 위에서는 먼지가 되듯이 학문은 쓰기에 따라 깨끗한 마음에 먼지가 되어 마음을 흐리게 할 수도 있다.

우리 주의에는 학문을 많이 배워 다 알면서도 실천이 부족한 사람들이 적지 않다. 아무리 학문을 많이 배웠다 하더라도 자비가 없고 사랑이 없으면 죽은 학문이다.

대나무가 아무리 단단해도 속은 비어있듯이 아무리 학문을 단단히 배워 속이 꽉 차 있더라도 자비를 베풀지 않고 사랑이 없으면 그것은 죽은 학문이다.

마음속에 부처가 있고 진리가 있다.

마음은 우주의 주인이요, 생명의 주인이요, 진리의 주인이요, 나의 주인이다. 나의 주인으로서 주인된 마음은 아무것도 모르고 있다. 아무것도 모르고 있으므로 그 법을 알리기 위해 법왕께서 오셨다. 그 법을 알리는 방편으로 법왕께서 설법하신 8만4천 법문이요, 그 법을 알게 하는 묘법은 진공묘유(眞空妙有)이다.

불교는 진리의 문을 열어놓고 있지만, 불교신자가 많다 해도 깨달은 사람이 적고, 보살도를 실천하는 사람이 적고, 바르게 믿는 사람이 적고, 바르게 이해하는 사람이 적고, 자비를 실천하는 사람이 적고, 이웃 사랑이 적다.

불교를 바르게 믿는 것은 자비의 실천이다.

바르게 배우면 바른 법이 일어나고 바르게 믿으면 바른 마음이 일어나 자비를 실천할 때 인간성이 회복되어 사랑의 조화를 이루어 불국정토는 이루어진다.

자신의 불성을 찾기 위해서는 오욕으로 가득 차 있는 마음의 때를 다 씻어내야 깨끗한 불성을 볼 수 있다.

자비의 실천은 먼 곳에 있는 사람에게 베푸는 것이 아니라 가까이 있는 사람에게 베푸는 일이다.

부모님을 잘 모시는 일이요, 부부간에 믿음으로 대하는 일이요, 자식을 사랑하는 일이요, 더불어 사는 일이다.

사랑이 마음 깊이 자리 잡고 있는 사람은 부모님을 공경할 것이요, 부부간에 믿음으로 대할 것이요, 자식을 사랑할 것이요, 형제간에 우애롭고 화목하게 지낼 것이다.

이웃이나 가족이나 가까이 있는 사람에게 사랑할 줄 모르는 사람은 밖에서도 사랑할 줄 모르고 집에서 실천할 줄 모르는 사람은 밖에서도 실천할 줄 모른다.

어느 무더운 여름날 스승과 제자가 길을 가다가 강을 건너려고 강가에 왔으나 날이 너무 더워 강가의 나무그늘 아래에서 잠시 쉬고 있었다.

제자가 스승에게 "스님, 선지식이 되려면 어떻게 공부를 해야 합니까?" 하고 물었다.

그때 한 노인이 짐을 들고 강을 건너오고 있었다.

스승은 제자의 말에는 답변하지 않고 "어서 가서 저 노인의 짐을 받아오너라."고 하였다. 제자는 강으로 가서 노인의 짐을 받아 손을 잡고 강을 건네주었다.

스승과 제자는 강을 건너 길을 가면서 제자가 스승에게 선지식에 대해 다시 물었다.

스승이 "너는 이미 선지식의 터전을 닦았느니라." 하였다.

제자는 무슨 말인지 몰라 어리둥절하면서 "제가 언제 선지식의 터전을 닦았습니까?" 하고 물었다.

스승이 "너는 조금 전 노인의 짐을 받아 강을 건네주었으니 그것이 선지식의 행이요, 보살의 행이니 너는 선지식의 터전을 닦았느니라." 하고 말하였다. 그 이후 제자는 큰 깨달음을 얻어 선지식이 되었다.

자비의 실천이 선지식의 행이다.

선지식은 법왕의 가르침을 바르게 실천하는 일이다.

선지식은 학문을 많이 배웠다 해서 선지식이 아니라 자비의 실천이다. 수십 년 동안 공부를 했다하더라도 자비의 실천이 없으면 헛수고이다. 자비를 실천하고, 이웃을 사랑하라. 그것이 성불의 지름길이니라.

예, 선생님. 불교는 자비의 실천입니다.

자비의 실천이 불교의 본질입니다. 깨끗한 마음으로 자비를 실천하는 일입니다. 이것은 쉬우면서도 어려우므로 불교를 믿기는 쉽고 알기는 어렵다고 했습니다.

믿기는 쉽고, 알기는 어렵다

❝ 불교는 마음을 깨닫는 종교르서 믿기는 쉽지만, 알기는 어렵다고 합니다. 어떻게 믿어야 바르게 믿그 쉽게 이해할 수 있습니까? **❞**

❝ 불교는 어느 학문보다도 심오한 철흑이므로 말로 설명하기는 매우 어려운 일이다. 불교으 심오한 사상을 이해하는 것은 지식으로는 한계가 있어 지혜의 눈을 떠야 알 수 있다. 지식은 지혜를 얻는 방편은 될 수 있어도 지식 그 자체가 지혜는 될 수 없기 때문이다. **❞**

불교를 어렵다고 하지만, 바로 보고 바로 듣고 바르게 행하면 믿기도 쉽고 이해하기도 쉽다.

바르게 보아라.
거룩하신 부처님 상을 코아라.
맑고 깨끗한 거울을 보아라.
어린아이의 방긋방긋 웃음을 브아라.
자연의 아름다움을 보아라.

그 모습이 너의 모습이니라.

바르게 들어라.
개울에 흐르는 물소리를 들어라.
대나무의 맑은 소리를 들어라.
딸랑딸랑 풍경소리를 들어라.
개굴개굴 개구리 소리를 들어라.
자연의 아름다운 새소리를 들어라.
그 소리가 너의 맑고 깨끗한 소리니라.

바르게 보고 바르게 듣고 바르게 행하라.
맑고 깨끗한 성품을 따라 물같이 바람같이 마음 가는 대로 행
하라.
오는 것도 자유롭고 가는 것도 자유롭고 보는 것이 바르게 보
인다.

고려 말 나옹선사가 여주 신륵사(神勒寺)에서 지었다는 시문(時文)
과 같다.

청산은 나를 보고 말없이 살라 하고,
창공은 나를 보고 티 없이 살라 하네.
탐욕도 벗어 놓고 성냄도 벗어 놓고,
물같이 바람같이 살다가 가라 하네.

일하고 싶으면 일하고, 놀고 싶으면 놀고, 눕고 싶으면 눕고, 자

고 싶으면 자고, 가고 싶으면 가고, 오고 싶으면 오고, 배고프면 밥 먹고, 목마르면 물 마시고, 주고 싶으면 주고, 받고 싶으면 받고, 슬플 때는 울고, 기쁠 때는 웃으면서 양심을 따라 마음 가는 대로 행하면 그것이 보살의 길이요, 바른 수행이고 성불의 길이다.

불법(佛法)은 정해진 법이 따로 있는 것이 아니라 각자의 행이 불법이니 자신의 행을 보아야 한다.

그대가 하는 행이 다 불법임에도 바른 것을 바르게 보지 못하고, 바르게 듣지 못하며, 바르게 행하지 못하면서 불법이 어렵다고 말하지 마라.

바르게 보고, 바르게 듣고, 바르게 행해야 한다. 그러면 믿기도 쉽고, 이해하기도 쉽다.

슬퍼하고 있는 사람에게는 같이 슬퍼하며 위로하고, 경사가 있는 사람에게는 같이 기뻐하며 축하하고, 어려운 사람에게는 자비를 베풀어 나누어 가져야 한다.

물질을 나누고 정을 나누는 것, 즉 굶주린 사람에게는 밥을 주고 목마른 사람에게는 물을 주는 것이 바로 바르게 믿고 쉽게 이해하는 길이다.

예, 선생님. 불교를 믿는 것이 어려우면서도 쉽고, 쉬우면서도 어렵군요. 바르게 믿는 것은 바르게 코고, 바르게 듣고, 바르게 행하는 것이군요.

선생님 다음 주는 도솔암에 가시지요.

그곳은 산이 높아 개울은 없어도 산세가 좋아 요즈음 같이 무더운 날 시원할 것입니다.

그곳에 가시면 공기도 맑고 새소리, 바람소리와 꽃이 핀 숲이

있어 신선이 따로 없을 것이니 도솔암에 계시는 노스님은 극락일
것입니다.

> 산이 높아 인적이 드물고 적막이 흘러 고요하고, 꽃
> 이 핀 숲이 있고 새소리와 시원한 바람이 허공을 가
> 른다고 해서 극락은 아니야!
> 도솔암에 계시는 노스님도 문자와 학문이라는 것에
> 매어 가슴속에 무거운 짐을 지고 있을 지도 모르지.
> 버려야 가벼워지는 것을 버리지 못해 고통 받고 있
> 을 지도 몰라.
> 가슴속에 있는 집착이라는 무거운 짐을 다 내려놓아
> 야 산에 있든 집에 있든 해탈이요, 극락이야!
> 가슴속에 있는 집착이라는 무거운 짐을 내려놓지 못
> 하면 산에 있든 집에 있든 그것은 지옥이니 산사에
> 있는 것만으로는 해탈도 아니요, 극락은 아니라네.

선생님 말씀이 지난 번에 저의 어머니가 보덕암에 갔을 때 노스
님께서 저의 어머니를 보고 "가슴속에 있는 바위 덩어리를 다 내려
놓으세요. 때가 되면 부처님 공덕으로 다 이루어질 것입니다." 하고
말씀하셨습니다. 그때 저는 바위 덩어리를 이해하지 못했습니다.

바위 덩어리

“ 노스님이 지고 있는 그 바의 덩어리가 무엇입니까? 설명해 주시기 바랍니다.”

“ 사람은 누구나 가슴속에 근심, 걱정, 괴로움의 바위 덩어리를 가지고 있다. 이것이 없어야 번뇌가 없고, 번뇌가 없어야 해탈을 할 수 있다. 잠잘 때도 버리지 못해 악몽을 꾸고 밤낮으로 괴로워하는 것이 자신의 가슴속에 있는 집착이라는 무거운 짐을 버리지 못해 괴로워하고 있다. 가슴속에 집착이라는 무거운 짐을 버려야 해탈이 되느니라.”

도솔암에 계시는 노스님 역시 학문이라는 무거운 짐을 내려놓아야 자유로울 수 있다. 학문이라는 무거운 짐을 버리지 못하면 그는 평생, 바위 덩어리처럼 무거운 짐을 가슴속에 품고 살지도 모른다. 아무리 좋은 학문이라 할지라도 마음을 깨닫는 방편이므로 학문을 다 알고 있다 하더라도 그것이 깨달음은 아니다.

해탈하기 위해서는 문자도 버리고, 학문도 버리고, 지식도 버려야 한다.

올가미는 토끼를 잡기 위해 있고 통발은 고기를 잡기 위해 있다.

토끼를 잡고 고기를 잡고 나면 모두 다 버리듯이 깨닫고 나면 문자도 학문도 지식도 다 버려야 한다.

문자와 학문은 깨끗한 마음에 먼지가 되어 깨끗한 마음을 더럽히고 타락하기 일쑤이다. 아무리 좋은 보석도 깨끗한 거울 위에서는 먼지가 되듯이 문자와 학문은 쓰기에 따라 마음을 더욱더 어둡게 할 수도 있으니 깨끗한 마음을 얻기 위해서는 지금까지 익혀온 학문과 지식을 아낌없이 다 버려야 마음이 허공처럼 깨끗하고, 깨끗한 불성에는 학문도 문자도 지식도 없는 것이다.

최상의 법은 "불립문자(不立文字)"라 했다.

문자는 마음을 흐리게 할 수 있다. 거울 위에 먼지를 닦아내야 밝은 모습을 볼 수 있다.

집착하지 않고 탐욕을 버려야 밝은 마음의 거울을 볼 수 있다.

집착은 마음의 먼지이다. 탐욕은 눈을 어둡게 한다.

학문을 버리고, 문자를 버리고, 지식도 버리고, 집착도 버리고, 탐욕도 버리고, 마음이 깨끗할 때 성불할 수 있다.

법에 얽매이고 지식에 얽매이고 문자에 얽매이면 자신의 밝은 마음을 볼 수 없다.

스승과 제자가 길을 가다가 개울을 건너게 되었다.

개울은 깊었다.

개울 옆에는 젊은 부인이 건너가지 못하고 발을 구르며 초조하게 서 있었다.

스승은 그 부인을 업어서 무사히 건너 주었다.

스승과 제자는 길을 가면서 제자가 스승에게 물었다.

"스님은 여자를 멀리하라고 했는데 왜 여자를 업어 주었습니까?"

스승은 말했다.

"나는 벌써 내려 놓았는데, 너는 아직도 업고 있구나."

스승의 말처럼 마음에 담고 있으면 그것은 집착이다.

집착은 가슴속에 무거운 짐이 된다. 아무리 좋은 것이라도 버리지 못하고 집착하는 것은 자신을 죽이는 일이다.

도솔암에 계시는 노스님이 법에 매여 있으면 법의 덩어리요, 학문에 매여 있으면 학문의 덩어리요, 의식에 매여 있으면 의식의 덩어리다.

학문과 지식, 문자는 잡념을 일으키는 원인이다. 잡념이 끊어지지 않는 상태로는 자신을 바로 볼 수 없고, 진리도 바로 볼 수 없고, 밝은 마음을 볼 수도 없다.

마음에 잡념이라는 번뇌를 닦아 내야 바로 볼 수 있다.

깨끗한 마음을 밝히기 위해서는 문자도 버리고, 학문도 버리고, 지식도 버리고, 법도 버리고, 탐욕도 버리고, 욕망도 버리고, 집착도 버리고 다 버려야 한다.

불립문자가 최상의 법이라 해서 법과 문자를 처음부터 다 버리라는 것은 아니다. 이 점을 바로 이해하지 못하면 크나큰 우를 범할 수 있다. 처음부터 법도 필요 없고, 문자도 필요 없고, 법문도 필요 없는 것은 아니다.

건강한 사람은 약이 필요 없고 아픈 병자는 약이 필요하듯이 깨달은 사람은 건강하고 깨닫지 못하면 병자이다.

깨닫지 못한 사람은 병자이기 때문에 법과 문자라는 약이 필요하고, 약이 필요 없는 수준에 이르기까지는 반드시 그 가르침에 의지해야 바른 수행을 할 수 있고 바른 법을 얻을 수 있고 바른 길을 갈 수 있다. 깨닫는 것이 약이요, 버리는 것이 약이요, 지혜를 얻는 것이 약이니 버리면 지혜의 문이 열린다.

우리는 늘 가슴속에 있는 무거운 짐을 버리지 못하고 가는 곳마다 근심, 걱정이 있다.

여행을 가서도 마음이 편안하지 않고 일을 하면서도 편안하지 않다. 어디를 가서 무엇을 하든 사업 걱정, 집 걱정, 가족 걱정으로 마음이 편안하지 않다.

절에 가서 기도를 하면서도 걱정이 떠나지 않는다.

이것저것 온갖 잡념이 들어 한 순간도 마음을 집중하지 못하고 온갖 잡념이 머릿속에서 떠나지 않는다.

잡념이 머릿속에서 떠나지 않는 것은 마음을 비우지 못하고 집착하는 마음이 가슴속에 근심, 걱정, 괴로움이라는 번뇌의 바위 덩어리를 만들기 때문이다.

몸은 절에 있고 마음은 콩 밭에 있으면 그것이 어찌 바른 기도라 할 수 있으며, 괴로움을 걷어낼 수 있겠는가?

가슴속에 있는 번뇌 망상을 다 버려야 올바른 기도가 되고, 올바른 기도를 하게 되면 저절로 괴로움이 사라진다.

한 순간, 찰나만이라도 마음을 비우면 근심, 걱정, 괴로움은 사라진다.

집착은 가슴속에 근심, 걱정, 괴로움이 쌓여서 마음의 병이 되고, 마음의 병은 자신을 죽이는 일이다.

욕망에서 생겨나고,
집착에서 생겨나고,
아상에서 생겨나네.

건강은 재산이다. 재산을 잃으면 적게 잃는 것이고, 건강을 잃
는 것은 전부를 잃는 것이라고 하였다. 이보다 더 큰 불행은 없고
이보다 더 큰 재앙도 없을 것이니 욕심과 집착을 버리면 근심, 걱
정, 괴로움도 없어지고 마음도 가벼워지고 병도 없어진다.

우리 뇌에는 '엔돌핀'이라는 좋은 호르몬도 있고, '노르아드레
날린'이라는 독성의 호르몬도 있다.

기분이 좋으면 엔돌핀이 분비되어 피부가 윤택하고 병을 예방
하여 병이 생겨나지 않고, 스트레스를 받으면 노르아드레날린이
분비되어 피부가 거칠어지고 병이 생겨난다.

건강은 몸에 있는 혈과 수분이 정상적으로 흘러야 건강하다. 집
착하고 스트레스를 받으면 노르아드레날린이 분비되어 혈과 수분
이 올라가야 할 것이 오르지 못하고 내려가야 할 것이 내려가지 못
하고 체가 되고 응고가 되어 각종 병을 만드는 원인이 된다.

웃으면서 살아라.
즐기면서 살아라.
나누면서 살아라.

웃으면 복이 오고 만병의 선약이다.

마음건강 없이 몸 건강 없고, 몸 건강 없이 마음건강 없다. 건강
한 육체에 건강한 정신이 나온다.

건강하기를 원하거든 버려라.
장수하기를 원하거든 버려라.
해탈하기를 원하거든 버려라.

성취하기를 원하거든 버려라.
열반하기를 원하거든 버려라.

버려야 얻는다.
지나친 욕망을 버리고, 집착을 버리고, 아상을 버려야 얻을 수
있다. 버리면 가슴속에 바위 덩어리처럼 무거운 짐이 없어지고,
어디를 가든 자유롭다. 자유로운 마음은 병이 생겨나지 않고 모든
것을 성취하느니라.

예, 선생님. 지금까지 익히고 배워온 학문까지도 다 버려야 진
정한 해탈이라고 할 것입니다. 사람이 가지기는 쉬워도 버리기는
어렵습니다.

인과의 업장

불교는 업장(業障)을 소멸하기 위해 수행한다고 했습니다. 업이
라는 말은 불교의 전문용어로서 매우 어렵습니다. 인과(因果)라
는 업장에 대해 자세히 설명해 주시기 바랍니다.

불교의 인과법(因果法)은 인과응보(因果應報)의 원리이다. 착하고
정직하게 사는 사람은 즐겁고 행복하게 살고, 악하고 모질게
사는 사람은 괴롭고 고통 받으며 불행하게 사는 것이 인과법의
본질이다.

선인선과(善因善果) 악인악과(惡因惡果)

인과응보(因果應報) 자업자득(自業自得)

인과는 좋은 씨앗을 심으면 좋은 열매를 얻고 나쁜 씨앗을 심으
면 나쁜 열매를 얻는다. 좋은 일을 하는 사람은 좋은 것을 얻고 나
쁜 일을 하는 사람은 나쁜 것을 얻는다.

"사람은 한평생 선을 행하여도 선은 오히려 부족하고 단 하루
악을 행하여도 악은 스스로 불어난다."

우리는 먼 곳에 있는 사람이 아니라 가까이 지내야 할 사람들끼리 말을 하지 않고 등을 돌리며, 똥 묻은 막대기를 피하듯이 하는 경우가 많다.

자신은 베풀지 않으면서 상대가 베풀기를 바라고 있다.

그것은 어리석은 생각이다. 내가 베풀어야 상대도 베풀고 내가 주어야 돌아온다는 평범한 진리를 모른다. 법왕께서는 다음과 같이 말씀하셨다.

선은 선을 낳고, 악은 악을 낳는다.

이 말씀이 업의 본질이다.

선하고 착하게 사는 사람은 선의 보상을 받아 좋은 환경에서 행복하게 살고, 악하게 사는 사람은 나쁜 환경에서 불행하게 사는 것이 업의 본질이다.

업은 자신의 그림자와 같아서 비켜갈 수도 없다.

인과는 자신의 마음으로 만들고 마음으로 업을 짓는다.

마음으로 자신의 잘못을 알고 뉘우치고 반성하고 참회하는 사람은 자신의 죄를 아는 지혜가 밝은 사람이다.

불행한 사람은 상대의 단점만 보고 행복한 사람은 장점만 본다. 상대의 장점만 보는 사람은 장점만 돌아오고 단점만 보는 사람은 단점만 돌아온다.

사람마다 허물이 있고 좋은 점이 있다.

결점 없는 사람을 고르다간 끝내 벗을 얻을 수 없다. 사람은 누구나 장점이 있고 단점이 있지만, 그것을 보는 사람에 따라 다르게 보일 수도 있다.

개 눈으로 보면 개로 보이고, 부처 눈으로 보면 부처로 보이듯
이 상대의 장점만 보고 살아야 물들지 않는다.

사람은 누구나 개성이 있고 성격이 있다.

그 개성과 성격은 장점이 되기도 하고 단점이 되기도 하다. 상대
의 좋은 점만 보고 칭찬하는 사람은 나의 좋은 점만 보고 칭찬할 것
이며, 상대의 나쁜 점만 보고 허물을 말하는 사람은 나의 허물만 들
추어 낼 것이므로 모두 내가 만들어낸 허물이다.

내가 바르게 보고 바르게 듣고 바르게 행하면 상대도 바르게 행
할 것이니 행동을 조심하라는 것이다.

인과는 부정할 수 없는 사실이다. 콩 심은 데 콩 나고 팥 심은 데
팥이 난다.

"선이 작다 해서 게으르지 말고 악이 작다 해서 행하지 말라."
고 하였다. 착하게 사는 사람은 복으로서 보상을 받고 악하게 사
는 사람은 재앙이 따른다.

"착한 일하는 사람에게는 하늘이 복으로서 보답하고 착하지 않
는 사람에게는 재앙으로서 보답한다."고 하였다. 선악은 남이 먼
저 알고 이웃이 먼저 알고 하늘이 먼저 아는 것이니 양심을 속이
지 마라. 하늘은 그대의 마음을 다 알고 있으니 선을 행하면 복으
로 보상을 받을 것이다.

우리가 살면서 좋은 일을 하고 살아도 고생만 하는 사람들이 적

지 않다. 아무리 좋은 일을 하고 착하고 올바르게 살아도 소용이 없구나 하고 실망하는 사람들이 있다.

착하고 바르게 살지 않았음에도 하는 일마다 잘되어 지위가 높아지고 권세를 부리고 부자가 되기도 하는 사람들을 보면 '아~착하게 사는 것도 소용이 없구나' 하고 실망하는 사람들이 있다.

"적선지가(積善之家) 필유여경(必有餘慶)"

선을 쌓고 사는 집안에는 기필코 경사스러운 일이 넘쳐흐를 것이라 했다. 나의 삶은 과거 조상들의 업보일 수도 있고, 나의 전생 업보일 수도 있다. 그것을 알지 못하고 잘되면 자신들이 하는 일이고 못되는 일은 조상을 탓한다.

우리의 삶은 눈에 보이는 것만 있는 것은 아니다.

불꽃을 손으로 잡을 수 없고 물을 손으로 검어질 수 없지만 있는 것이 사실이다. 이것뿐만 아니라 소리·냄새·맛·촉감·의식이 눈에 보이지 않는다고 해서 없다고 할 수 없다.

인과는 눈에 보이지 않지만, 내가 잘 살고 못사는 것은 조상들의 업보일 수도 있고 나의 전생 업보일 수도 있으며, 주의의 환경일 수도 있고 나의 노력일 수도 있다.

우리가 살면서 느끼듯이 아무리 노력해도 하는 일마다 재앙이 따라 잘 되지 않는 사람이 있고 노력하면 노력한 만큼 술술 잘 풀리는 사람이 있다.

잘 사는 것은 나의 노력도 있지만, 눈에 보이지 않는 업이 있다는 사실을 의심하지 마라. 업은 나의 죽음으로서 끝나는 것이 아니라 후손에게까지 이어지는 것이니 악업을 짓지 말고, 선업을 많이 쌓아야 한다.

나는 비록 고생하며 살지라도 내가 죽은 후에는 내가 베풀어 놓은 공덕으로 후손들은 잘 살 것이니 지금의 삶을 후회하지 말고, 선한 마음으로 덕을 베풀어 후손들에게 좋은 유산을 물려주어야 한다.

선업은 그대가 죽은 후에라도 그대의 가정에 빛이 된다. 선업의 공덕은 재물과 금은 보석보다도 더 좋은 유산이 되어 그대의 후손들이 대대손손 잘 사는 밑거름이 된다.

사람들은 잘못을 하고도 참회할 줄 모른다.

부정을 하면서도 부정인 줄 모르고 요사스러운 사를 부리면서도 모르고 업을 짓는다.

업은 자신을 죽이고 후손을 죽이고 죽어 이승을 떠난 뒤에라도 업은 남는다. 업은 젖은 습기와 같아서 습기가 있는 곳에는 곰팡이가 피고 썩는다.

하늘이 알고 땅이 알고 있으니 양심에 부끄러운 업을 짓지 마라. 업은 눈에 보이지도 않고 형상도 없지만, 업은 자신의 그림자와 같아서 지워지지 않는다.

몸이 즐거우면 고통이 따르고 마음이 즐거우면 기쁨이 따른다. 업의 씨앗이 무르익어 고통과 괴로움의 열매가 되어 다른 세상에서 고통 받고 후손들도 고통 받는다.

우리는 많은 것을 경험하면서도 모르고 있다.

옛말에 "3대 부자 없고 3대 거지 없다."고 했다. 이 말을 깊이 새겨보면 큰 의미를 부여하고 있다.

덕은 오래 가지만 부는 오래가지 않는다.

부유한 사람들은 교만하기 쉬우므로 덕을 쌓지 못하므로 망하고 가난하게 사는 사람들은 위세가 없어 고개를 숙이고 겸손하므로 자연스럽게 덕을 쌓으므로 부유해진다.

　부자는 덕을 천하게 여기고 가난한 사람들은 덕을 귀하게 여기
는 증거다.

　"선의 씨앗을 심어라. 자비를 베풀고 이웃을 사랑하라. 그 열매
는 그대의 후손들이 따먹고 대대손손 부유하게 사느니라."

　예, 선생님 말씀 듣고 보니 인과는 선악입니다.

　좋은 씨앗을 심으면 좋은 열매를 얻고 나쁜 씨앗을 심으면 나쁜
열매를 얻습니다.

재가불자의 수행

❝수행인들은 성불하기 위해 출가하고 재가불자는 복을 바라며 절에 다닙니다. 출가를 안 해도 성불할 수 있습니까? 자세히 설명해 주시기 바랍니다.❞

❝불교는 마음을 깨닫는 종교로서 마음을 깨닫기 위해 출가하여 몸과 마음을 다 바쳐 수행어 전념함으로써 마음의 정체를 밝힌다. 마음은 진리를 창조하는 원천으로서 법이 일어나게도 하고 사라지게도 하지만, 그 법을 알기는 어려우면서도 쉽고, 쉬우면서도 어렵다. 어렵기 때문에 출가하여 수행하고, 그 법을 밝히는 것이 출가자의 본분이다.❞

출가자는 해탈하기 위해 수행하고 재가불자는 자비의 실천으로 보살도를 배우기 위해 절에 다닌다.

법왕의 가르침은 자비이다. 가장 중요한 것은 그 가르침을 누가 실천하느냐이다. 출가를 해도 법왕의 가르침을 실천하지 않으면 성불하지 못하고 출가를 하지 않아도 법왕의 가르침을 실천하면 성불한다.

자비는 수행의 본질이다. 이것은 악을 버리고 선을 행하는 일이다. 이를 조과 선사는 이렇게 말하였다.

시인 백낙천이 조과 선사에게 물었다.
"수행은 어떻게 해야 합니까?"
선사가 말했다.
"악을 짓지 말고 선을 행하라"
"그런 것쯤이야 세 살 먹은 아이도 다 압니다"
이에 선사가 말했다.
"세 살 먹은 아이도 쉽게 알 수 있는 것을 백 살 먹은 노인도 행
하기는 어렵다."

선사의 말처럼 행하기 어려운 것이 실천이다. 입으로 말하기는
쉬워도 실천하기는 어렵다.
수행인들이 자비의 실천이 없으면 성불의 문에 들어가지 못하
고, 재가불자가 자비를 실천하면 성불의 문에 들어간다.

마음을 비우고 이웃을 사랑하라.
자비를 실천하고 자비의 생명을 불어넣어 자비가 골
고루 스며들게 하라. 성불은 자비의 실천으로서 이
루어짐을 의심하지 마라. 자비의 씨앗을 심어라. 그
열매를 거두어들이는 것이 성불의 길이니라.

출가자는 해탈의 길로서 수행하여 자신의 마음을 밝힘으로써
성불하고, 재가불자들은 선을 행하고 자비를 베풀어 율법과 윤리
를 실천하는 것이 수행이요, 보살의 길이다.
소승불교는 수행으로 성불의 길을 닦고, 대승불교는 자비의 실
천으로 성불의 터전을 삼는다.

자비는 법왕의 가르침이요, 성불의 씨앗이다.

법복을 입고 불경을 아무리 외워도 자비가 없으면 성불하지 못할 것이요, 경을 몰라도 자비를 실천하면 성불할 것이니 자비를 실천하라.

부처님과 조사들이 한결같은 마음으로 자비의 씨앗을 심어 성불하였으니 의심하지 마라. 자비의 씨앗이 성불하는 지름길이니 자비를 베풀어라. 자기 사랑이 아니라 이웃을 사랑하라. 그것이 곧 성불의 길이니라.

예, 선생님 말씀을 듣고 보니 출가는 해탈의 길을 가기 위해 출가하고 재가불자는 자비를 실천하는 것이 수행의 길이요, 성불의 길입니다.

불교에서는 절에 다니는 아주머니들을 '보살'이라 부르고 있습니다. 보살이라 부르는 이유는 무엇입니까?

보살의 명칭

불교에는 관세음보살을 비롯해서 많은 보살이 있습니다. 그런데 사찰에서는 여신도들을 보살이라고 부릅니다. 왜 그렇게 부릅니까?

보살이란 이름은 남자도 아니요, 여자도 아니요, 깨달음의 성품이다. 보살은 깨닫기 직전에 있는 사람으로서 성불하기 위하여 수행에 힘쓰는 이의 총칭이라 할 수 있다.

"상구보리(相求菩提) 하화중생(下化衆生)"

위로는 깨달음을 구하고 아래로는 자비를 베푸는 것이다. 지혜로 깨달음을 얻고 자비를 베풀어 자기 사랑이 아니라 이웃 사랑으로 일체중생을 구원하는 것이 보살이다.

보살은 개울에 흐르는 물처럼 일체중생을 구원하면서도 보상을 바라지 않는다.

개울에 흐르는 물은 작든 크든 웅덩이를 채우지 않고는 지나가지 않는다. 웅덩이를 다 채우고 흐르다가 물을 찾는 곳이 있으면 그들의 필요에 따라 생명의 식수가 되어 죽어 가는 생명을 살리기도 하고, 대지 위에 비를 내려 초목과 곡식이 자라나게 하고, 산업용수나 생활용수가 되어 그들의 필요에 따라 다 응해주고, 그들이 다 쓰고 버리면 폐수가 되어 다시 흘러 마침내 바다라는 목적지에 도달하여 출렁대며 춤을 추고 자유를 누리니 물의 순응한 성품이 보살의 마음이다.

바다의 물은 차별하지 않고 하나가 된다. 세계 어느 지역 어느 곳에서 들어오든 차별하지 않는다.

산업용수든 흙탕물이든 폐수든 똥물이든 차별하지 않고 하나가 되는 것처럼 보살의 마음도 물처럼 차별하지 않고 일체중생을 다 구원해 주신다.

자비의 제일이신 관세음보살은 소원을 바라는 자에게는 소원을 다 들어 주시고, 지혜의 제일이신 문수보살은 지혜를 얻고자 하는 자에게는 지혜를 주시고, 약사의 제일이신 약사보살은 건강을 얻고자 하는 자에게는 건강을 주시고, 영혼의 구원을 바라는 자에게는 지장보살이 다 구원해 주시니 보살님들의 자비함이 어머니의 상이다.

절에 다니는 여신도들을 보살이라고 부르는 것은 성불과 자비의 씨앗을 심는 의미이다.

관세음보살은 일체중생을 사랑하는 어머니이시다.

이 세상의 어머니는 누구나 관세음보살처럼 자비로워 그를 존경하여 보살이라고 부르는 것이다.

어느 초여름 건조한 날 산불이 나서 산을 태우고 지나갔다. 산 밑에 사는 사람이 불이 지나간 산에 올라가 이리저리 둘러 보았다. 그때 마침 불에 타 죽은 꿩 한 마리가 있었다.

그 사람은 그 꿩을 들춰 보았는데, 그 밑에는 꿩 새끼가 옹기종기 모여 있었다.

어미 꿩은 새끼를 지키려고 불길이 닥쳐오고 연기에 숨이 막혀도 그 자리를 피하지 않고 새끼를 품고 죽은 것이었다.

이것이 어머니의 거룩한 상이요, 보살의 상이다.

그는 마음속으로 깨닫고 부모님께 효도하는 효자가 되었다.

어머니들을 보살이라고 부르는 것은 그 깨달은 마음으로 자비를 베풀어 일체중생을 구원하라는 뜻이고, 아직 깨닫지 못한 사람은 어서 깨달으라는 뜻이니 절에 다니는 아주머니들을 보살이라 부르는 것으로 허물을 잡아서는 안 된다.

예, 선생님. 보살은 깨달은 사람으로서 자비가 충만한 분입니다. 보살은 자비로 일체중생을 구원하는 마음이 보살이라니 대승불교의 꽃이군요.

불교는 '대승이다' '소승이다' 하고 있습니다. 대승과 소승의 차이가 무엇입니까?

대승과 소승

불교는 크게 대승불교(大乘佛敎)·소승불교(小乘佛敎)로 구분하고 있습니다. 이를 설명해 주시기 바랍니다.

불교는 크게 대승과 소승으로 나누지만, 실은 대승과 소승은 없다. 대승과 소승은 재가불자는 구분하지 않는다. 수행인들이 분별하고 나누어 스스로 허물을 만들어 대승·소승이라 부르고 있다.

우리나라를 비롯해서 많은 나라들이 대승불교를 믿고 재가불자들에게 그 뜻을 전하여 대승의 길로 가도록 가르치고 대승의 수레를 탈 수 있도록 인도하고 있다.

대승은 큰 수레로서 이 세상의 모든 중생들을 하나도 남김없이 구원하여 인도하는 것이고, 소승은 작은 수레로서 자신만의 구원을 위하는 것이다.

그리고 수행의 단계가 소승이고 수행으로 깨달음을 얻어 진리를 펼치는 것이 대승이다. 수행 없이 깨달을 수 없고 큰 수레를 탈 수 없다. 소승의 단계를 거쳐야 깨달을 수 있고 큰 수레를 탈 수 있다.

법왕께서 보리수나무 아래서 6년 동안 행한 수행은 소승에 해당되고, 깨달음을 얻어 법을 설파하여 일체중생을 구원하는 것은 대승이다.

깨달음을 얻기 위해 수행하고 배움의 단계가 소승이요, 수행으로 깨달음을 얻어 법을 펼치는 것이 대승이다.

더불어 사는 것은 대승이요, 자신만이 사는 것은 소승이다. 베풀고 사는 것은 대승이요, 집착하는 것은 소승이다.

대승은 곧 자비의 실천이다. 깨달음은 먼저 이웃에 눈을 돌려 나누어 가진다.

자기 자신의 지혜의 완성과 깨달음에 집착하는 것은 소승(小乘)이며, 이웃에 눈을 돌려 함께 기뻐하고 아파하면서 깨달음과 수행을 함께 하는 것이 대승(大乘)이다.

종교가 어느 문화현상보다도 뛰어난 것은 자비의 실천으로 나누어 가지기 때문이다. 진리의 세계를 체험했다면 보편적인 중생계까지 그 기량이 미쳐야 한다. 그 기량이 미치지 못하면 그 누가 되었던 모두 가짜다.

옛 부처님과 조사들이 한결같은 마음으로 지혜의 길에서 살았고 그것을 실천하기 위해 수행하였다.

자기 사랑은 소승이요, 이웃 사랑은 대승인 것이다. 더불어 살고 나누며 사는 것은 넓은 마음의 큰 수레인 대승이라 한다.

예, 선생님. 대승은 큰 수레요, 소승은 작은 수레로서 대승의 수레를 타기 위해 자비를 베풀고 이웃을 사랑하고 마음을 비우고 마음을 비우는 것을 공이라 합니다.

공과 무

❝불교에서는 공(空)과 무(無)의 기치를 아는 것이 깨달음이라 했습
니다. 이를 자세히 설명해 주시기 바랍니다.❞

❝공은 그저 비어있는 것이 아니라 일치만물의 근원이요, 진리의
근원이요, 성불의 근원이다. 공은 청정하고 깨끗한 성품으로써
그 무엇으로도 더럽힐 수 없고 어떠한 사심이나 조작으로도 더
럽힐 수 없다.❞

공은 온전하고 완전한 것이므로 그 무엇으로도 더럽힐 수 없으
며, 공은 자성이 없다. 자성이 없기 때문에 생겨나는 일도 없고 사
라지는 일도 없고, 오는 일도 없고 가는 일도 없다. 자성이 없으므
로 공이라 하고, 자성이 없는 공이기 때문에 청정하고, 청정하기
때문에 이를 공이라 한다.

불교는 공사상(空思想)을 중심으로 하여 법상(法相)을 밝혀 설명하
고 있다.

마음의 체(體)를 밝히고 지혜에 의해 번뇌를 소멸하는 법을 밝혀

일체중생들로 하여금 집착 없는 해탈의 길로 인도하여 보살의 길에 나아갈 수 있도록 대승사상을 밝히고 있다.

마음의 체를 밝히기 위해 법왕께서 8만4천 법문을 설하셨고, 불경은 공을 밝히는 사상으로 이루어져 있고 공의 도리를 깨닫기 위해 수행하고 있다.

공을 밝히는 경전들이 많이 있지만, 그 중에서도 공의 중심사상을 요약한 경인 《반야경》을 들 수 있다.

《반야경》은 인간 존재의 구성을 6근(六根)인 안(眼)·이(耳)·비(鼻)·설(舌)·신(身)·의(意)와 6경(六境)인 색(色)·성(聲)·향(香)·미(味)·촉(觸)·법(法), 그리고 안식(眼識)·이식(耳識)·비식(鼻識)·설식(舌識)·신식(身識)·의식(意識)인 6식(六識)으로 설명하고 있다. 이 12처, 18계는 공을 분류하는 방식이기도 하다.

공사상은 많은 대승경전 가운데 《반야경》을 중심으로 그 사상의 근본을 이루고 있다.

바람·소리·냄새·맛·촉감·의식이 있고 그것에 의해 살고 있으면서도 그것을 의식하고 사는 사람은 흔하지 않다.

우리에게 없어서는 안 되고 이것에 의해 살아가고 있지만, 실제로는 눈으로 볼 수도 없고 만질 수도 없고 확인할 수도 없다. 확인할 수 없는 것을 있다고 보는 것은 인식의 작용이요, 마음의 작용에 의해서이다.

마음의 눈으로 사물을 보고, 귀로 소리를 듣고, 코로 냄새를 맡고, 혀로 맛을 알고, 몸으로 촉감을 느끼고, 의식으로 느끼고, 눈으로 빛깔을 느끼고, 귀로 소리를 느끼고, 코로 냄새를 느끼고, 혀로 맛을 느끼고, 몸으로 촉감을 느끼고, 의식으로 사물을 알고, 눈으로 색을 알고, 귀로 소리를 알고, 코로 냄새를 알고, 혀로 맛을 알고, 몸으로 촉감을 알고, 의식으로 인연하고, 눈은 빛깔을 인연하고, 귀는 소리를 인연하고, 코는 냄새를 인연하고, 혀는 맛을 인연하고, 몸은 촉감을 인연하고, 의식으로 애착하고, 눈이 빛깔을 애착하고, 귀는 소리를 애착하고, 코는 냄서를 애착하고, 혀는 맛을 애착하고, 몸은 촉감을 애착하고, 의식으로 맛들이고, 귀는 소리에 맛들이고, 코는 냄새에 맛들이고, 의식의 작용으로 그것을 집착한다.

눈에 보이지도 않고 현상도 없는 것에 이끌려 집착하는 것이 어리석은 중생들의 마음이다. 법왕께서는 사람은 여섯 놈의 도둑이 있다고 하셨다.

1) 눈으로 보고 아름답고 좋은 빛깔에 매료되어 그것을 가지려는 집착이 도둑이요,

2) 귀로 듣고 아름다운 소리에 매료되어 그 소리에 집착하는 것이 도둑이요,

3) 코로 냄새를 맡고 그 냄새어 끌려 가지고 싶고 먹고 싶은 집착이 도둑이요,

4) 혀로 맛을 보고 그 맛에 끌려 먹고 싶은 생각, 가지고 싶은 집착이 도둑이요,

5) 몸과 손으로 만져 보고 부드럽고 감미로운 촉감을 느끼고 가지고 싶은 집착이 도둑이요,

6) 마음으로 의식하고 생각하고 느끼고 아름답게 보고 듣고 가지고 싶은 집착이 도둑이다.

눈이 도둑이고, 귀가 도둑이고, 코가 도둑이고, 혀가 도둑이고, 몸이 도둑이고, 의식이 도둑이다.

우리 몸에 있는 7개의 구멍이 도둑이다. 눈이 2개, 귀가 2개, 코 구멍이 2개, 입이 1개가 도둑의 '원죄'이다.

어리석은 중생들은 눈에 보이지도 않고 현상도 볼 수 없는 그 감각기관에 이끌려 좋은 빛깔, 좋은 소리, 좋은 냄새, 좋은 맛 등에 집착하는 것이 도둑인 줄 모르고 있다.

이것이 감각기관의 작용이다. 감각기관의 작용으로 집착하는 것이 도둑이다.

형상·소리·냄새·맛·촉감·의식에 집착하여 끌려 다니는 것이 마치 바다의 물고기가 낚시에 걸려 있는 먹이를 따라 이리저리 끌려 다니는 것과 같이 어리석은 것이 중생들의 마음이다.

눈에 보이지도 않고 잡을 수도 없고 볼 수도 없고 만질 수도 없다. 보이지 않는 그것에 끌려 다니는 것이 파리가 냄새를 따라 다니듯이 보이지 않는 인식의 작용에 의해 살고 있다. 그것에 의해 살고 있으면서도 그것이 어디에 있는지 확인할 수도 없다. 그것을 확인하는 것은 인식의 작용이요, 인식의 작용에 따라 있다.

형상·소리·냄새·맛·촉감·의식은 있기도 하고 없기도 하다.

눈으로 보고 확인할 수 없지만, 소리·냄새·맛은 분명하게 있으므로 있고 없고의 차이는 인식의 작용이다.

인식하지 않으면 한 물건도 없듯이 마음을 내지 않으면 고통도 없고 괴로움도 없고 번뇌도 없다.

형상·소리·냄새·맛·촉감·의식 등을 마음으로 인식하고 그것에 끌려 다니는 것이 고통이다. 고통은 인식의 작용이요, 인식의 작용이 없으면 고통은 없다. 이를 공이라 하고 공은 자성이 없으며, 자성이 없기 때문에 청정하니 청정한 마음을 더럽히지 마라.

마음속에는 불성이 있고, 부처가 있고, 법이 있고, 진
리가 있고, 양심이 있으니 마음을 밝히고 들어가라.
마음을 밝히고 들어가면 부처가 있고 진리가 있다.

이때 공이 깨달음이라 해서 공을 바르게 이해하지 못하면 크나
큰 우를 범할 수 있다. 공은 깨달음은 아니다. 공은 마음을 깨닫게
하는 방편이므로 공에서 깨어나야 하고, 무에서 깨어나야 하고,
마음에서 깨어나야 한다.
공에서 깨어나지 못한 것은 미혹에서 벗어나지 못한 것이므로
미완성의 해탈이요, 미완성의 열반이요, 미완성의 공이다. 공은
만물을 창조하는 원천이다.

진리를 창조하는 씨앗이고,

만법을 창조하는 근원이고,

부처를 창조하는 원천이네.

열반을 얻기 위해서는 공에서 깨어나야 하고, 무에서 깨어나야
하고, 알에서 깨어나야 한다. 알 속에 있는 것은 생명의 씨앗이지
생명은 아니다. 알에서 깨어나야 생명이다. 알 속에서 사는 것이
아니라 알에서 깨어나 어둠을 밝힌다.
공에 매여 있으면 공의 덩어리요, 무에 매여 있으면 무의 덩어
리요, 법에 매여 있으면 법의 덩어리다.
공과 무는 마음을 깨닫는 방편이므로 깨달음은 아니니 공에서
깨어나 어둠을 밝혀 공이라는 어둠 속에서 깨어나야 열반이라는
광명을 얻는다.

공의 도리는 머무는 것이 아니요, 머물지 않는 것도 아니요, 생하고 멸하는 것도 아니요, 푸르고 희고 붉은 빛도 아니요, 모나거나 둥글거나 길고 짧은 것도 아니요, 모양이 없고 얽매임도 없고 문자도 없고 문자가 없어서 청정하고 고요하며, 공의 이치·모양 없는 이치·덩어리 없는 이치·나옴이 없는 이치·깨달아 아는 이치는 말할 수 없고 볼 수 없고 볼 수 없는 것을 고요한 이치라 하고 고요한 이치는 공의 이치요, 공의 이치는 덩어리 없는 이치요, 덩어리 없는 이치는 진실한 이치요, 진실한 이치는 나오지 않는 이치요, 나오지 않는 이치는 멸하지 않는 이치요, 멸하지 않는 이치는 머무름이 없는 이치요, 머무름이 없는 이치는 생하고 멸함이 없는 이치요, 생하고 멸함이 없는 이치는 법의 성품이요, 불생불멸로서 이를 일러 공이라고 한다.

예, 선생님 말씀을 듣고 보니 공의 도리는 묘합니다. 묘하기 때문에 공은 만물을 창조하는 원천이군요.

유심과 무심

66 불교의 마음 법은 유심(有心)과 무심(無心)을 배우고 그 법을 깨닫는 것이라고 하였습니다. 유심과 무심은 불교에서 쓰는 용어로서 어렵습니다. 이에 대해 자세히 설덩해 주시기 바랍니다. 99

66 유심과 무심은 공(空)의 도로 를 밝히는 방편으로서 유심(有心)은 마음이 있다는 뜻이고, 무심(無心)은 마음이 없다는 뜻이다. 불교의 마음 법은 생멸(生滅)이다. '심생즉종종법생(心生則種種法生)하고 심멸즉종종법멸(心滅則種種法滅)이라.' 가음이 일어나는 것이 생(生)이요, 마음을 그치는 것이 멸(滅)이다. 일어나지도 않고 사라지지도 않는 마음이 무심이다. 99

유심과 무심은 눈을 뜨고 감는 것과 같다.

눈을 감으면 삼라만상의 만물이 보이지 않고, 보이지 않으니 분별하지 않고, 분별하지 않으므로 '이것이다 저것이다' '있다 없다' 하는 시시비비가 없고, 시시비비가 없으니 '좋다 싫다' 하는 차별이 없고, 차별이 없으니 평등하고, 평등한 마음은 무심이다.

눈을 뜨면 삼라만상의 만물이 다 보인다.

다 보이므로 '이것이다 저것이다' '있다 없다' '좋다 싫다' 하고 분별하고 차별하니 시시비비가 벌어지고, 시시비비가 벌어지는 그 마음이 유심이다.

이것은 마치 해가 뜨고 지는 것과 같다.

아침에 해가 뜨면 삼라만상이 다 드러나고 저녁에 해가 지면 삼라만상을 다 감추어 버리듯이 마음을 내면 삼라만상을 분별하고 차별하니 마음을 그치면 한 물건도 분별하지 않고 분별하고 차별 없는 마음이 무심이다.

분별하지 않는 마음이 무심이다.

무심은 자아의 소멸이요, 자아의 소멸은 마음을 다 비우고 비어 있는 마음이다. 비어 있는 마음은 청정하고 깨끗하여 무아라 하고, 무아는 자성이 없으므로 공이라 하고, 공이 곧 무심이다.

마음이 일어나는 것은 유심(有心)이요, 마음을 그치는 것은 무심(無心)이다. 유심은 자아(自我)요, 무심은 무아(無我)요, 무아는 진아(眞我)이다. 있는 것은 유상(有相)이요, 없는 것은 무상(無相)이다. 있는 것은 유정(有情)이요, 없는 것은 무정(無情)이다. 유상은 유위법(有爲法)이요, 무상은 무위법(無爲法)이다. 이 무위법으로 열반에 이른다. 이 무위법은 생하고 멸함이 없으므로 무심이요, 공이요, 불생불멸이다. 선악이 한 마음속에 있다. 눈을 뜨고 감는 것처럼 마음을 내면 선악이 있고 마음을 그치면 선악은 없다.

깨끗한 마음은 분별하고 차별 없는 하나의 마음이다.

하나의 마음은 그 무엇으로도 더럽힐 수 없다.

옥이 진흙 속에 들어가도 변하지 않듯이 깨끗한 마음은 불성으로서 변하지 않지만, 마음을 내면 더럽고 마음을 그치면 깨끗하므로 깨끗한 마음이 무심이요 공이다.

마음을 내는 것이 유심이고,

마음을 끊는 것이 무심이고,
마음을 맺는 것이 진아이다.

우리는 한시도 마음을 그칠 즐 모르그 마음을 드러내려 한다. 마음을 자제하는 것이 미덕인데, 한 순간도 참지 못하고 교만을 들어내고 성냄을 들어내고 아상을 드러내고 자신의 유세를 부린다.

모르는 놈이 아는 체, 없는 놈이 있는 체, 못난 놈이 잘난 체하고 자신이 우월하다고 외쳐댄다. 마음을 드러내 분별하고 차별하는 것은 중생의 마음이요, 마음을 드러내지 않고 분별하지 않고 차별하지 않는 마음은 부처의 마음이다.

중생의 마음은 여러 마음으로 나누고 부처의 마음은 분별없는 일심이므로 부처라고 한다.

마음을 내면 선악이 있고 마음을 그치면 선악은 없다.

마음을 내면 더럽고 마음을 그치면 깨끗하다.

깨끗한 마음이 자신의 본성이므로 인간의 미덕이다.

인간의 미덕이므로 악은 감추려하고 선은 드러내려 한다. 악이 더러운 것이라면 그것은 버리고 선이 좋은 것이라면 선을 행하고 자비를 실천해야 한다. 그렇거 자비를 실천하면 악은 스며들지 않는다.

억지로 악을 버리려고 애쓸 것이 아니라 선을 행해야 한다.

마음을 내는 일도 없고 그치는 일도 없다.

불성은 청정하여 나오고 들어감이 없다.

마음을 드러내고 그치는 것은 마음의 조작이요, 마음의 조작이 유심이 되고 무심이 되는 것이니 마음을 비워야 한다. 비어 있는 마음은 무심이요, 공이라 하느니라.

　예, 선생님. 마음을 내는 것은 유심이요, 마음을 그치면 무심이군요. 차별 없는 마음이 무심이요, 무심은 자성이 없으니 깨끗하고 깨끗하기 때문에 걸림이 없고 걸림이 없으니 자유로운 마음입니다.

진아를 찾아

선한 자냐? 아니다.
악한 자냐? 아니다.
인색한 자냐? 아니다.
정이 많은 자냐? 아니다.

선하다고 칭찬하면 그는 악을 저지르고, 악하다고 욕하면 그는
선을 베푸니 어떤 자가 진정한 나인가? 선한 자도 아니고 악한 자
도 아니고 정이 많은 자도 아니고 인색한 자도 아니라면 나는 누

구인가?

나는 현재 있는 그대로가 나이다.

선할 때는 선한 나요, 악할 때는 악한 나요, 인색할 때는 인색한 나요, 정이 많을 때는 정이 많은 나다.

마치 맑고 투명한 병과 같이 담는 물건에 따라 병의 색깔이 변하고 담겨 있는 물건에 따라 주인이 바뀌듯이 나라고 생각하면 그는 이미 변하고 있다.

해마다 변하고 달마다 변하고 하루하루 변하고 조석으로 변하고 시간마다 변하고 매분마다 변하고 매초마다 변하고 한 순간, 찰나마다 변하고 나는 한시도 머물지 않으니 어떤 것이 나냐? 이 모습이 나라고 하면 그는 말하는 순간에 변하고 있으니 나라고 내세울 것은 아무것도 없다. 현재 있는 그대로가 나이므로 지금 이 순간에 선을 베풀면 선한 자요, 악을 저지르면 악한 자이다.

나는 태어날 때 불성이라는 깨끗한 성품으로 태어났으니 이를 진아(眞我)라 하고 진아는 나의 본성이다.

나의 본성은 티 없이 맑고 깨끗한 나, 번뇌 망상이 없는 나, 괴로움이 없는 나, 이 마음이 참 나이다. 참 나를 찾아 깨끗한 마음으로 사는 것이 성불이니 마음이 깨끗하도록 노력해야 할 것이다.

진아를 찾아 바르게 보고 바르게 듣고 바르게 행해야 한다.

'선이다', '악이다', '업이다', '법이다' 하는 것은 모두 사라지고 깨끗한 마음이 참 나다.

몸이 더러워 목욕하고 묵은 때를 씻어내듯이 마음에 욕심이라는 때를 다 씻어내고 보아야 한다.

나의 깨끗한 마음이 참 나이므로 참 나의 깨끗한 성품은 어느 무엇으로도 더럽힐 수 없는 깨끗한 마음이 부처이니 부처를 마음

밖에서 찾는 것이 아니라 마음속에서 찾아야 할 것이다.

종교를 믿지 마라.
석가모니는 불자가 아니었고,
예수도 기독교인이 아니었다.
사랑·윤리·정의가 진리이다.
진리를 믿지 않는 자 모두 가짜다.
가짜들이여 진리를 외치지 마라.
사랑이 울고, 진리가 파도를 친다.
창조·발전·용기·희망을 가진 자 승자이고,
희망이 없는 자 미래도 없으니 패자이다.
승자는 용서할 수 있고, 패자는 용서할 수 없다.
패자들이여 승자라 외치지 마라.
자기 사랑은 패자이고, 이웃 사랑은 승자이다.

예, 선생님. 스님들께 법문을 들을 때마다 '나는 누구인가' 하고 찾아보라 하기에 집에 가서 밤새껏 누워 아무리 생각해도 알지 못했지만, 선생님 말씀을 듣고 이제 의문이 풀렸습니다.

마음의 정체

불교는 마음을 깨닫는 종교로서 마음의 정체가 무엇인지 알려고 수행합니다. 마음은 있는 듯하면서도 없고, 없는 듯하면서도 있으니 요사스러운 것이 마음입니다. 마음의 본질에 대해 자세히 설명해 주시기 바랍니다.

마음은 몸의 주인이요, 생명의 주인으로서 근심, 걱정, 괴로움을 일으키고 사라지게 하는 것이 마음이다. 마음의 정체를 알기 위해 법왕께서 수행하시고 수많은 조사들이 수행하였으나 마음의 정체를 밝히지는 못했다. 마음은 요사스러운 요술쟁이와 같이 변화무쌍한 것이 마음이므로 마음의 정체를 알 수 없다. 마음은 성을 내다가도 웃고 웃다가도 성을 내니 마음의 정체를 알 수 없다. 잡으려고 하면 달아나고 고요하다싶으면 요동치니 짐작할 수 없는 놈이 마음이다. 마음은 좋은 일을 하다가도 나쁜 일을 하고 나쁜 일을 하다가도 좋은 일을 하는 요사스러운 놈이니 마음을 믿지 마라. 그 놈이 들어 사악하게도 하고 선하게도 하니 그 놈을 믿지 마라.

마음은 형체가 없으므로 드러내 보일 수는 없지만, 황하의 모래처럼 많다고 했다. 그리고 마음은 공기 속의 산소와 같다.

생명은 산소에 의해 살고 있지만, 그것이 어디에 있느냐, 어떻게 생겼느냐 하고 묻는다면, 이것이 내 생명을 이어주는 바람이요, 산소요 하며 드러내 보일 수 없듯이 마음도 꺼내 보일 수 없고,

만질 수 없고, 들을 수 없고, 볼 수 없다.

마음은 내 몸의 주인이다.

주인이 일하자고 하면 일하고, 주인이 쉬자고 하면 쉬고, 주인이 산으로 가자고 하면 산으로 가고, 주인이 바다로 가자고 하면 바다로 가고, 주인이 밥 먹자고 하면 밥 먹고, 주인이 자자고 하면 자고, 주인이 일어나라고 하면 일어나는 등 모두가 주인의 뜻으로 하는데도 그 주인을 볼 수 없고 음성도 들을 수 없다.

마음은 몸의 주인으로서 몸은 그 주인을 잘 만나야 수고롭지 않고 잘못 만나면 수고롭다. 주인이 탐욕과 집착이 많으면 주인의 뜻에 따라 물건이나 돈을 자기 것으로 만들기 위해 몸이 수고롭고, 주인의 성질이 난폭하면 주인의 뜻에 따라 몸은 늘 싸우고 시비하여 얻어맞고 터지므로 몸이 수고롭고, 주인이 이기적이면 질투하고 시기하므로 몸이 수고롭고, 주인이 너그럽고 자비로우면 그 몸은 편안한 안식을 얻으니 마음은 진리의 원천이다.

마음은 나의 주인이면서도 있는 듯하면서도 없고, 없는 듯하면서도 있으니 마음은 마치 귀신과 같으므로 동양의학에서는 심(心)을 신(神)으로 비유하고 있다.

마음이 안정되면 몸은 따라서 편안하고, 마음이 불안하면 몸은 따라서 불편하다. 마음은 내 몸을 지배하고 있으니 마음은 나의 주인이다.

마음의 작용은 선하기도 하고 악하기도 하고, 인색하기도 하고 정이 있기도 하고, 사랑하고 보시하고 자비를 베푸는 것이 모두 마음의 조작이다. 이처럼 조작하는 마음은 신이 보낸 사자인 양심도 다스릴 수 없다.

양심은 신의 사자로서 자비와 사랑을 거느리고 정의로 마음을 감시하고 있다. 마음의 정체를 기록하여 그가 죽어 이승을 떠나 저승으로 가면 그가 이승에서 행했던 기록에 따라 정체불명이었던 그 마음의 정체가 거울처럼 백일하에 드러난다.

마음은 그것을 번연히 알고 있으면서도 제멋대로 행동하는 것이 자유라 착각하고 있다.

신이 보낸 양심이라는 사자가 있으니 양심을 속이려 하지 마라. 마음은 속여도 양심은 속일 수 없다.

마음은 주인이 따로 없고 그때그때 쓰는 자가 주인이다. 선을 행하면 선이 주인이요, 악을 행하면 악이 주인이므로 행함에 따라 주인이 바뀐다.

마음은 거울 속의 물건과 같다. 거울 속에 보이는 물건에 따라 다른 모습이 나타나고 비추는 물건에 따라 다른 모습으로 변하니 "일체유심조(一切唯心造)"와 같이 일어나고 사라지는 것이 모두가 마음의 조작이다.

마음의 조작에 따라 부처가 되고 중생이 되니 마음을 잘 써야 하느니라. 좋은 곳에 쓰면 선자요, 나쁜 곳에 쓰면 악자이니 모든 것은 그대들의 마음에 달려 있다.

> 마음으로 느끼는 것이 의식이요, 뜻이요, 생각이요,
> 말이니 누구를 탓하리요. 부질없이 마음을 편들지
> 마라. 모두가 마음의 조작이니 마음을 잘 관찰하여
> 욕망을 잠재우고 집착을 잠재우고 번뇌를 잠재워서
> 깨우지 마라.

지나친 욕망이 일어나 집착하는 것은 번뇌를 일으켜 자신을 파

멸시킬 것이니 다 버리고 공의 성품에 귀의하고 법의 성품에 귀의하라.

법의 성품은 일어나고 사라지는 일이 없어 무아요, 무아는 자성이 없고 자성이 없으므로 깨끗하고 깨끗하니 공이라 하고 부처라 하였으나 마음은 현상이 없다.

현상이 없으니 볼 수 없고,
자성이 없으니 볼 수 없고,
생멸이 없으니 볼 수 없네.

눈이 아무리 밝아도 마음을 볼 수 없고, 아무리 정교한 현미경이나 망원경으로도 볼 수 없고, 사람은 죽어도 그 마음을 볼 수 없다.

마음은 안에 있는 것도 아니고 밖에 있는 것도 아니다.

다른 곳에 있는 것도 아니고 마음은 형체가 없어 눈으로 볼 수도 없고 만질 수도 없고 음성을 들을 수도 없고 인식할 수도 없다.

마음을 남김없이 관찰해도 마음의 정체는 알 수 없고 찾을 수도 없고 과거에도 없고 미래에도 없고 현재에도 없고 마음은 유도 아니고 무도 아니다. 유도 아니고 무도 아닌 것은 생기는 일이 없고, 생기는 일이 없는 것에는 그 자성이 없고, 자성이 없는 것에는 일어나는 일이 없고, 일어나는 일이 없는 것에는 사라지는 일이 없고, 사라지는 일이 없는 것에는 지나가 버리는 일이 없고, 지나가 버린 일이 없는 것에는 가는 일도 없고 오는 일도 없고 죽는 일도 없고 태어난 일도 없고 오고가고 죽고 나고 하는 일이 없는 것에는 어떠한 인과의 생성도 없고 자성이 없다.

자성이 없으므로 진리는 둘이 아니다. 둘이 아니므로 선한 마음이 따로 있고 악한 마음이 따로 있는 것은 아니지만, 중생의 마음은 분별하고 조작하는 작용이 있으므로 마음이 황하의 모래보다 많다고 하였다.

마음을 내는 데 따라 집착의 마음이 되고, 성내는 마음이 되고, 시기하는 마음이 되고, 자비의 마음이 되고, 사랑의 마음이 되고, 보시하고 나누는 것은 선한 마음이 되므로 그야말로 마음의 조작이다.

마음처럼 잔인한 것도 없고, 마음처럼 선한 것도 없고, 마음처럼 깨끗한 것도 없고, 마음처럼 더러운 것도 없다.

마음으로 죽이고 살리니 잔인하기는 악마와 같고, 나누고 사랑하니 선하기는 천사와 같고, 시샘하고 질투하니 더럽기는 쓰레기처럼 더럽고, 탐욕을 버리고 집착을 버리니 백옥처럼 깨끗한 것이 마음이다.

마음의 조작에 따라 선인이 되고 악인이 되고 부처가 되고 중생이 되는 것이므로 악은 똥 묻은 막대기처럼 버리고 선은 굴러가는 보석처럼 잡고 악은 더러운 것이니 버리고 선은 좋은 것이니 가진다. 악을 버리고 선을 행하는 것이 성불의 길이니 마음으로 조작하지 마라. 마음의 조작이 없으면 성불하느니라.

예, 선생님. 마음의 정체를 확인할 길이 없군요.

어디에 있느냐 하고 찾으면 없고, 없다고 내버려두면 있으니 마음처럼 잔인한 것도 없고, 마음처럼 선한 것도 없고, 마음처럼 더러운 것도 없고, 마음처럼 요사스러운 것은 없습니다. 이런 마음을 왜 부처라 합니까?

왜 마음이 부처인가

불교는 마음이 부처라 하고, 부처는 밖에서 찾는 것이 아니라 마음속에서 찾으라고 했습니다. 왜 부처를 마음속에서 찾으라 하고, 왜 마음이 부처라고 합니까? 자세히 설명해 주시기 바랍니다.

사람은 태어날 때부터 불성을 가지고 태어났으므로 '본래시불(本來是佛)' 이라 하였다. 이 불성은 티 없이 맑고 깨끗한 성품으로서 그 무엇으로도 더럽힐 수 없다. 아무리 더럽히려 해도 더럽힐 수 없는 깨끗한 마음이 부처이다. 우리는 깨끗한 마음으로 태어났으니 태어날 때부터 부처이다. 깨끗한 마음이 부처이므로 마음 밖에서 부처를 찾는 것은 헛수고라고 했다.

마음이 청정하니 느낌이 청정하고 의식이 청정하고 생각이 청정하니 생각마다 부처요, 눈이 청정하니 보는 것마다 청정하고 보는 것마다 청정하니 보는 것마다 부처요, 귀가 청정하니 듣는 소리마다 청정하고 듣는 소리마다 청정하니 듣는 소리마다 부처요, 온몸이 청정하고 행하는 일마다 청정하니 부처의 행이다.

청정한 마음이 부처이다.

생각마다 부처요, 보는 것마다 부처요, 듣는 소리마다 부처이다.

청정한 마음은 허공이 평등하듯이 청정한 성품은 뒤섞임이 없고 차별이 없다.

　마치 어두운 큰방을 밝히기 위해 촛불을 켜고 등불을 밝혀 큰방에 밝은 빛이 가득하여 어두운 방이 밝아질 때 촛불과 등불이 섞여 있다고 말할 수 없는 것과 같다.

　마음 밖에서 진리를 구하고 부처를 찾는 것은 바다 밖에서 물을 구하는 것과 같다. 진리는 멀리 있는 것이 아니라 가까이 있고, 부처는 멀리 있는 것이 아니라 마음속에 있다.

　그러나 우리는 마음속에 부처가 있는 줄 모르고 있다.

　마음이 부처인 줄 모르고 부처를 마음 밖에서 찾고 있다. 부처를 마음 밖에서 찾는 것은 그 누가 되었던 헛수고이다. 해탈도 못하고 성불도 아니다.

　밝은 거울을 보려면 거울 위에 먼지를 닦아내야 밝은 거울을 보듯이 마음에 더러운 오욕이라는 먼지를 닦아내야 청정한 마음의 거울을 볼 수 있다.

　황금으로 집을 짓고 백옥으로 집안을 장식했다 하더라도 황금과 백옥은 거울 위에서는 때가 되고 먼지이다. 깨끗한 마음은 수정보다 더 맑고 백옥보다 더 깨끗하고 거울보다 맑으므로 마음이 부처라고 하는 것이다.

　마음의 불성은 깨끗한 허공과 같이 맑고 거울처럼 깨끗하다. 깨끗한 부처로 태어났으나 마음을 더럽히므로 중생이다. 마음을 더럽히는 것은 욕망과 집착이요, 밝은 것을 밝게 보지 못한 것은 요사스러운 마음의 조작이다. 마음의 조작이 들어 선악이 있는 것이니 그놈은 선하다가도 악하고 악하다가도 선하니 짐작할 수가 없다. 신의 사자가 감시를 해도 알 수 없는 것이 마음이니 그 마음을 믿지 마라.

깨끗하게 보는 것도 마음이요, 더럽게 보는 것도 마음이요, 생각하는 것도 마음이요, 그치는 것도 마음이요, 성을 내는 것도 마음이요, 근심, 걱정, 괴로움이 일어나게 하는 것도 마음이요, 기쁘고 즐거운 것도 마음이요, 슬프고 괴로운 것도 마음이요, 좋은 일을 하는 것도 마음이요, 나쁜 일을 하는 것도 마음이요, 더럽게 하는 것도 마음이요, 깨끗하게 하는 것도 마음이요, 집착하는 것도 마음이요, 버리는 것도 마음이요, 시샘하는 것도 마음이요, 질투하는 것도 마음이요, 용서하는 것도 마음이요, 이해하는 것도 마음이요, 양보하는 것도 마음이요, 보시하는 것도 마음이요, 부처가 되는 것도 마음이요, 중생이 되는 것도 마음이므로 마음의 조작에 따라 부처가 되고 중생이 된다. 마음을 내는 것은 색이요, 마음을 그치는 것은 공이라 하는 것이니 부처를 찾아가기는 쉬우면서도 어렵고 가까우면서도 멀리 있다.

과거심불가득(過去心不可得)

현재심불가득(現在心不可得)

미래심불가득(未來心不可得)

과거의 마음은 이미 지나갔으므로 얻을 수 없고 미래의 마음은 아직 오지 않았으니 얻을 수 없고 현재의 마음은 잠시도 쉬지 않고 머물지 않으니 어느 마음이 부처인가? 부처의 마음은 과거의 마음도 아니요, 미래의 마음도 아니요, 현재의 마음도 아니요, 그때그때 그 순간, 찰나마다 더럽히지 않고 티 없이 맑고 깨끗한 마음이 부처이다.

보는 것마다 청정하고,
듣는 것마다 청정하고,
사는 것마다 청정하다.

마음이 부처라 하는 말은 마음의 조작에 따라 부처가 될 수 있으므로 그 방편을 말한 것이니 각자 자신의 행에 따라 부처가 되고 중생이 되는 것이므로 이웃을 사랑하고 자비를 실천하는 사람은 성불의 씨앗을 심고 성불의 씨앗은 자성이 없으므로 깨끗하고 깨끗하기 때문에 공이요, 공은 일어나는 일도 없고 사라지지는 일도 없고 오는 일도 없고 가는 일도 없으므로 마음이 부처라 하느니라.

예, 선생님. 마음이 부처가 아니라 마음의 작용을 말하는 것이군요. 부처는 아주 가깝게 있는 것을 그것을 알지 못하고 부처를 마음 밖에서 찾고 있습니다. 불교는 마음을 깨닫는 종교로서 많은 기도를 합니다.

기도의 생명

❝종교는 기도가 생명이라고 했습니다. 신앙생활을 잘하기 위해서 기도를 합니다. 불교는 마음을 깨닫는 종교인데, 기도를 통해 마음을 깨달을 수 있는지요?❞

❝수행인들은 깨닫기 위해 기도하고 재가불자들은 복을 바라며 기도한다. 기도는 밤새도록 하는 철야기도가 있고, 어떤 목적을 가지고 날짜를 정하여 하는 기도가 있고, 각 전당의 재일 기도가 있고, 100일 기도, 즉석 기도 등이 있다.❞

기도는 선을 길러내는 공덕의 어머니요, 능력이 솟아나게 하는 창조의 원천이라 했다. 마음으로 굳게 믿고 진솔한 마음으로 기도하면 모든 것을 다 이루고 다 얻는다.

종교에서 가장 소중한 것이 기도요, 기도는 마음을 깨우고 신앙을 깨우는 것이 기도이다. 신앙생활을 하는 사람이 기도가 없으면 그는 바른 신앙인이 아니다.

기도할 때 절을 하고 촛불을 키고 향을 피우고 공양을 올리고 자신의 소원이 성취되기를 발원하며 기도한다.

기도할 때 절을 하는 것은 절대자이신 법왕을 공경하는 것이요, 한편으로는 자신의 마음을 항복 받고 다스려 자신을 낮추는 것이요, 촛불을 키는 것은 자비의 마음을 밝히는 것이요, 향을 피우는 것은 욕망·집착·번뇌 망상을 다 태워 소멸하는 것이요, 공양을 올리는 것은 나의 모든 것을 당신께 다 받친다는 뜻이니 기도는 목소리가 아니라 진실한 마음이다. 한 순간, 찰나만이라도 마음을 다 비우고 지극한 정성으로 기도하며, 마음을 비우고 절대자이신 당신께 다 맡기오니 당신의 뜻대로 하소서 하고 진솔한 마음으로 기도하는 것이다.

기도는 평화의 전주곡이요, 능력의 서사시요, 목적의 서사시요, 완성의 통로이다. 기도 없이는 완성할 수 없다.

신앙의 생명이요, 신앙의 씨앗이다.

신앙이 깊어질수록 기도를 통해 자신의 불성을 찾는다.

기도는 진리의 문에 들어가는 길이다.

진실로 진리를 구하는 구도자는 '선이다', '악이다', '천당이다', '극락이다' 하는 것은 아무 의미가 없으니 수행인들은 진리를 밝히기 위해 기도하고, 재가불자는 복이 일어나기를 바라며 기도한다.

"구하라 얻을 것이요, 찾아라 찾을 것이요, 두드려라 열릴 것이다."라는 성경 구절의 이 말은 각자의 자신들이 바라는 소원을 말하는 것이 아니라 진리를 구하라는 말이다.

진리를 구하면 진리를 얻을 것이요, 보리를 구하면 보리를 얻을 것이요, 진리를 찾으면 진리를 찾을 것이요, 보리를 찾으면 보리를 찾을 것이요, 두드려라 진리의 문이 열린다. 구하지도 않고 찾지도 않고 두드리지도 않으면 진리의 문은 열리지 않고 소원도 이루지 못한다.

소원은 진솔한 기도로서 이루어진다. 기도는 잠자는 그대의 마음을 깨워 신심이 일어나게 한다. 믿기만 하고 기도가 없으면 죽은 신앙이다.

기도로서 참 자신을 찾고 진리를 찾고 불성을 찾아 자비를 실천하라. 구하지도 않고 찾지도 않으면 아무것도 이루지 못한다. 소원도 이루지 못하고 뜻을 이루지도 못한다.

　　　저희들은 진리의 문을 두드리오니 진리의 왕이시여
　　　저희들을 버리지 마소서. 저희들은 진리의 왕이신
　　　당신께 귀의하오니 당신의 뜻대로 하소서.

간절한 마음으로 구하면 얻을 것이요, 마음을 비우면 담을 것이요, 비우지 않으면 담을 수 없고 채울 수도 없다.

우리는 버리기보다는 갖기를 원하드로 근심, 걱정, 괴로움이 있다. 욕망과 집착을 버리고 구하면 그대들이 원하는 모든 것을 다 얻는다. 이것이 바른 믿음이요, 바른 염불이요, 바른 기도이다.

기도할 때 응답을 바라지 마라. 기도의 뜻이 이루어지면 마음이 기쁘고 고요하지만, 기도의 뜻이 이루지지 않으면 마음이 괴롭고 산란하여 마음의 불이 일어나 속을 태우고 그 불을 끄지 못해 번뇌를 일으켜 허탈하여 방황의 늪에 빠져 헤어나기 어렵다.

신에게 제물을 올리는 종교의식과 저 불멸의 진리를 얻기 위한 갖가지 고행마저도 그의 영혼을 깨끗이 정화시킬 수 없으며, 그 소원을 이루기는 더욱 더 어렵다.

응답을 바라는 기도는 마음이 불안하고 초조하다. 기대가 크면 실망도 크듯이 응답을 바라는 기도는 실망할 수도 있으니 기도할 때 무엇을 꼭 이루어달라고 요구하지 마라. "당신의 뜻대로 하소서" 하고 진솔한 마음으로 기도하라. 그때 기도의 뜻이 이루어진다.

기도는 순수한 마음으로 절대자에게 다 바치는 진실의 표현이다. 여기는 어떤 사심도 끼어 들 수 없는 진실이다.

진솔한 마음으로 절대자이신 법왕께 기도하라. 법왕은 초월적인 힘을 가진 성스러운 존재로서 나의 뜻을 다 들어주리라 믿고 기도하라.

기도는 진실한 믿음에서 이루어진다.

마음을 다 비우고 무엇을 달라고 요구하는 것이 아니라 당신 뜻대로 하소서 하는 마음으로 기도하라. 그대가 원하는 모든 소원을 다 이루고 다 얻는다.

기도는 한 순간, 찰나만이라도 몸과 마음을 다 바쳐 불사르는 마음으로 기도하라. 기도할 때 몸은 닭이 알을 품듯이 고요하고 편안한 자세를 가져야 하고 정신은 고양이가 쥐를 잡듯이 정신을 집중하고 배고픈 아이가 어머니의 젖을 기다리듯이 한 생각으로 기도하라.

마음을 다 비우고 집착을 버리고 고요한 마음으로 기도하라. 마음에 걸림 없이 해탈이 될 때 그대가 원하는 것을 다 얻는다. 완전한 해탈은 초월적인 힘을 얻어 병을 치료할 수도 있고 부를 얻을 수도 있고 뜻을 이룰 수도 있다.

다 비우고 참회하는 마음으로 기도하라. 마음을 비우지도 않고 참회하지도 않고 달라고만 기도하면 이루지 못한다.

어느 불자가 시어머니와 며느리 사이에 성격의 차이로 갈등이 있었다. 시어머니의 성격은 직설적이며 기가 강하고, 며느리의 성격은 내성적이고 소극적으로 서로 상반된 성격으로서 고부간의 갈등은 늘어만 갔다. 이러는 사이 남편은 누구의 편도 들지 못하고 속으로만 고통을 받았다.

그러던 어느 날 시어머니가 중풍이 들어 누워 있게 되었다. 며느리도 우울증이 심하여 시어머니 방에는 들어가지 않았다. 남편은 직장을 접고 어머니를 간병하고 아내를 데리고 병원에 다녔다.

시어머니와 며느리의 사이는 더 벌어졌다.

하루는 며느리가 절에 가 법당의 부처님께 참배하고 해가 지는 줄도 모르고 넋이 나간 사람처럼 법당 마루에 멍하니 앉아 있었다.

법당에 들어온 스님이 그 모습을 보고 왜 그리 멍하니 앉아 있느냐고 물었다.

며느리는 그 동안의 일을 말하였다.

스님은 이미 그 사실을 알고 있었다. 그분들은 오래전부터 절에 다녔던 분들이다. 스님은 그 며느리에게 일주일만 기도를 해보라고 하였다. 그때 마침 백일기도를 하는 도반이 있었다. 며느리는 그들과 함께 도반이 되어 기도를 하였다.

스님은 아무 생각도 하지 말고 참회하는 마음으로 하루 일천 배의 절을 하라고 하였다.

며느리는 기도를 한 지 7일이 되는 날 마루에 배를 대고 엎드려 큰소리로 슬피 울며 탄식을 하였다.

스님은 모두가 어리석은 마음에서 빚어진 일이니 집에 가거든 절에서 부처님께 절을 하듯이 마루에서 시어머니가 있는 방을 보고 매일 일천 배의 절을 하라고 하였다.

며느리는 스님이 시키는 대로 집으로 와서 시어머니가 있는 방을 보고 매일 일천 배의 절을 하였다. 그 모습을 본 남편은 아내의 거룩한 행을 보고 자신 역시 참회하고 이 사실을 어머니에게 말하였다.

어머니는 말없이 눈물을 흘리며, "나를 용서해다오. 나를 용서해다오."하고 울면서 방문을 두드리며 통곡하였다.

며느리는 눈물을 흘리며 방으로 들어가 시어머니와 서로 끌어안고 눈물 흘리며 통곡하였다. 이로써 30여 년에 쌓여 있던 고부간의 갈등이 사라졌다.

그동안 자신들의 어리석은 자존심과 이기심을 이제야 깨달았다. 그 이후 3개월이 지나자 시어머니의 병은 호전되었고 며느리의 우울증은 씻은 듯이 사라졌다.

파도가 치던 집안에 광명이 찾아왔다.

집안은 편안한 안정을 찾고 남편은 다시 직장에 갔다.

참회의 기도는 모든 것을 다 녹인다. 갈등과 반목은 용서와 화해, 이해로 변하여 그동안 가슴속에 품고 있던 바위 덩어리처럼 무거운 짐을 이제야 내려 놓은 것이다.

이것은 모두가 자신들이 만들어낸 병이었다.

쓸데없는 자존심과 고집 때문에 갈등이 생겨나고 그 갈등은 병이 되었다. 참회의 기도는 환희의 기쁨으로 변화하여 약이 되어 병도 치료하고, 가정에 기쁨과 행복·평화를 주었다. 참회하는 기도보다 더 좋은 기도는 없다.

마음을 비우고 기도하라. 마음을 비우고 참회하는

마음으로 기도할 때 그대의 소원이 다 이루어짐을
의심하지 마라.

예, 선생님. 기도는 무엇을 얻기 위해 하는 것이 아니라 버리기
위해 하는군요. 다 버리고 비어있는 마음으로 해탈하기 위해 참선
을 합니다.

참선의 수행

❝ 불교에서는 참선이 최고의 수행이라 했습니다. 수행인들은 참선을 하고 재가불자들은 기도를 합니다. 기도와 참선의 차이는 무엇인가요? 어떤 차이가 있는지 자세히 설명해 주시기 바랍니다. ❞

❝ 불교에서 수행하는 방법이 여러 가지가 있지만, 참선수행이 제일이라 하였다. 맑고 깨끗한 불성의 성품을 찾기 위해 참선을 한다. 불성을 가장 쉽게 찾는 지름길이 참선이다. 불교의 수행에서 참선수행이 제일이요, 으뜸이니라. ❞

우리나라 불교를 대표하는 대한불교 조계종에서는 《금강경》을 기본 경전으로 삼고 간화선(看話禪)을 수행의 지침으로 삼고 있다. 이를 두고 수행인들 사이에서는 찬반의 양론이 있다.

간화선을 비판하는 사람들은 간화선은 조직의 틀 안에서 수행을 하다 보니 지배구조의 상하(上下)가 있어 평등을 훼손할 우려가 있고 자유롭지 못한 수행이라 비판하고 있다.

이 말은 장점이 있고 단점이 있다. 수많은 수행인들이 자유의 수행으로 득도하였으나 모두가 수행한다고 해서 득도하는 것은 아니다.

자유로운 수행은 사도(邪道)이 빠질 위험이 있다.

자칭 능력자라 외치는 자들은 자유의 수행으로 외도를 걷기 쉽다. 외도는 물에 빠진 사람을 살리는 것이 아니라 다 같이 죽는다. 능력자라 외치는 자들의 외도는 개인주의화되기 쉽고 개인주의는 자신은 물론이요, 불교를 죽이는 일이다.

이런 점에서 볼 때 조계종에서 지침으로 삼고 있는 간화선은 올바른 선의 수행이라고 할 수 있다.

조직의 틀 안에서 화두를 정하여 좌선으로 죽비소리의 군령에 따라 신앙을 깨우고 마음을 깨의 마음의 정체를 밝혀 수행의 길을 갈 수 있도록 인도하고 있다.

안거(安居)를 정하여 수행함으로써 그동안 흐트러졌던 마음을 정리하고 불교의 올바른 지식과 수행을 배워 선지식을 길러내는 선의 도장이다. 이 간화선이 들어와 불교의 전통 맥을 이어간다고 할 수 있다.

기도(祈禱)와 참선(參禪)은 엄연히 구분되어 있다.

기도가 교(敎)의 수행이라면 참선은 선(禪)의 수행이다.

기도는 불공을 드릴 때 의식의 절차에 따라 행하는 것이 기도요, 참선은 화두(話頭)로서 마음을 밝혀 진리를 밝히기 위해 좌선하여 선법의 진리를 파고 들어가 그 의심을 풀어 깨닫는다. 화두는 깨달음의 핵심이다. 기도는 자신의 소원을 이루기 위한 것이라면 참선은 자신의 마음을 밝힌다.

참선의 제일 큰 덕목은 앞에서 말한 불립문자(不立文字)이다. 법을 알든 모르든 문자를 알든 모르든 지식이 있든 없든 마음 심(心)자 하나만 세우고 들어가면 지혜가 열리고 마음의 문이 열려 마음이 밝아진다.

부처님 법이 많지만 마음 심(心) 한 자에 있다.

화두는 언어가 없고 문자도 없는 곳이다.

입으로 설명할 수 없는 곳을 사색하여 마음속으로 들어가 그 마음의 정체를 밝힌다. ‘나는 누구인가’를 밝히고 들어가 진실된 나를 발견할 때 성불한다.

참선에 모든 경전과 문자는 마음의 때가 되고 먼지가 되어 밝은 마음을 흐리게 할 수 있다. 아무리 좋은 보석도 거울 위에서는 먼지가 되듯이 학문과 지식으로는 마음을 밝힐 수 없다. 욕망과 집착 오욕의 번뇌라는 먼지를 다 씻어내면 밝은 마음을 볼 수 있다.

마음의 눈을 뜰 수 있는 가장 쉬운 방법이 참선이다.

불교는 스스로 참선 수행이 제일 큰 덕목이라 하고 선의 사상이나 역사에 대한 책은 많으나 정작 참선의 방법을 가르쳐주는 사람은 드물고, 선 법문을 하는 사람은 많으나 구체적으로 선의 방법을 제시하여 체계적으로 가르치는 곳을 찾기는 어렵다.

재가불자들은 참선에 대한 관심은 높지만 직접 수행하기는 거리감이 있다. 스님들께 법문을 듣거나 책을 읽고 참선에 대한 매력을 느끼고 수행에 접근하려면 어디서부터 시작해야 할지 모르고 있으니 참으로 안타까운 일이다.

기도는 자신의 소원성취를 위한 것이라면 참선은 자신의 마음을 밝힌다. 지나친 욕망을 버리고 집착을 버리고 교만을 버리고 이기심을 다 버리므로 참선이 으뜸의 수행이라 하는 것이므로 세속은 윤회의 길이요, 수행은 해탈의 길이다. 이 해탈의 길을 찾아 세속을 버리고 나를 괴롭히는 정체가 무엇인지 그 원인을 찾아 제거할 때 불립문자가 성립된다. 그 이유는 깨끗한 마음은 그 무엇으로도 더럽힐 수 없는 공이요, 공은 청정하고 청정하기 때문에 버릴 것도 없고 가질 것도 없기 때문이다.

　예, 선생님. 잘 들었습니다.
　기도는 얻기 위한 것이요, 참선은 버리기 위한 것입니다. 버리기 위해 명상하여 괴로움의 근본이 어디에 있는지 그것을 밝히려고 사람들은 각 전당에서 기도를 합니다.

각 전당의 기도

절에 가면 기도하는 전당이 많고 기도하는 방법이 다양합니다. 어느 전당에서 어떻게 기도를 하고 어느 길을 따라야 할지 의심할 때가 많습니다. 그에 대해 자세히 설명해 주시기 바랍니다.

절에는 부처님을 모시는 대웅전과 관세음보살을 모시는 관음전을 비롯해서 각각의 전당이 있고, 재가불자들도 자신의 인연에 따라 기도하는 방법이 다양하지만, 어느 전당에서 기도를 해도 그것이 잘못은 아니다.

법왕께서는 화신으로서 이름만 관세음보살·지장보살·문수보살 등으로 부르고 있지만, 어느 전당이든 법왕이 계시므로 어느 전당에서 기도를 해도 법왕께 기도를 하는 것이니 의심하지 마라.

보살들을 따로따로 모신 것은 중생들의 다양한 소원을 들어 주기 위한 방편으로 보살들의 소임을 다르게 하여 조상은 지장보살, 지혜는 문수보살, 소원은 관세음보살, 병은 약사보살에게 기도하는 것이다.

이것은 마치 큰 기와집을 짓는 것과 같다.

큰 기와집을 지으려면 많은 서까래가 사방으로 날개를 펼쳐 지붕을 받치고 있지만, 그 뿌리는 대들보를 의지하고 있다.

믿음 역시 어느 부처를 믿고 어느 보살을 믿고 어느 경을 읽든 믿는 사람의 마음이 법왕을 믿는 마음이라면 어느 전당에서 기도를 하던 서까래가 대들보를 의지하듯이 불법을 뿌리로 삼고 믿는 것이므로 허물이 아니다. 허물은 진솔하게 믿지 않는 마음이 허물이다.

혹자들은 자신들이 조금 알고 있다 하여 '《금강경》을 읽어라' '《법화경》을 읽어라' '《화엄경》을 읽어라' '《관음경》을 읽어라' '대웅전에 기도하라' '지장전에 기도하라' '관음전에 기도하라' 하면서 아는 체하고 고집을 부리는 어리석은 사람들이 적지 않다. 이는 장님이 코끼리를 만지는 것과 같다.

차별 없이 진솔하게 믿으면 그때 능력을 얻는다.

법왕의 법은 우리 몸속에 있는 위장(胃臟)이라는 밥통과 같다. 위장이라는 밥통은 어느 것이 들어오든 다 소화해서 살이 되고 피가 되게 한다. 짠 것이 들어오든 매운 것이 들어오든, 죽이 들어오든 밥이 들어오든 국이 들어오든, 고기가 들어오든 채소가 들어오든, 막걸리가 들어오든 소주가 들어오든 맥주가 들어오든 양주가 들어오든, 차가운 것이 들어오든 뜨거운 것이 들어오든 들어오는 대로 입을 탓하지 않고 다 소화해서 피를 만들어 오장육부에 고루 나누어 주면서도 보상을 바라지 않는다.

법왕의 법도 위장이라는 밥통과 같아서 무한한 자비를 베풀면서도 보상을 바라지 않는다.

중생들의 소원을 들어 주기 위해 보살의 몸으로 화하였으니 의심하지 말고 어느 전당에서 기도를 하던 부처님께 기도하는 것이므로 진솔한 마음으로 기도하라.

복을 많이 주어 집안이 편안할 것이요, 구하는 것이 뜻대로 이루어질 것이요, 수재나 화재 같은 불의의 사고나 재난이 없을 것이요, 잠을 잘 때 악몽이 없을 것이요, 가는 곳마다 좋은 인연을 만날 것이요, 가는 곳마다 불보살들이 보호하여 편안해지느니라.

예, 선생님. 잘 알았습니다.

기도는 어느 전당에서 해도 다 같은 것으로서 허물이 아닙니다. 허물은 진솔하게 믿지 않는 마음이 허물입니다.

불교에서는 방생기도가 있습니다.

방생기도

불교에서는 새해가 되면 각 사찰에서 불자들을 모아 차를 대절하여 강이나 바다로 가서 방생기도를 합니다. 방생기도의 참 뜻을 설명해 주시기 바랍니다.

방생기도(放生祈禱)란 죽게 되거나 어려운 처지에 있는 물고기·새·짐승을 놓아 주거나 치료해 주는 것을 말한다. 어느 생명이든 내 생명처럼 고귀하고 존귀하다. 땅에 사는 동물이든, 하늘을 나는 새든, 물에 사는 물고기든 생명을 가엾이 여기고 편안히 살 수 있도록 보호하는 것이 방생이다.

방생은 여러 가지 의미가 있다.

생명을 가엾이 여겨 보호하는 의미가 있지만, 더 큰 의미는 자비심이다. 내 생명뿐만 아니라 다른 생명도 내 생명처럼 아끼고 보호하려는 의미로서 자기 자신의 마음 방생이다.

인간은 자신의 뜻이 이루어지지 않으면 마음이 답답하고 우울하다. 변비가 있던 사람이 쾌변을 보고 나면 속이 시원하듯이 마음을 비우고 집착을 버리면 답답하든 마음이 탁 트이고 가벼워진다. 가지려는 마음은 속이 답답하고 양보하는 마음은 속이 후련하다.

　자신이 남을 속일 수는 있지만 자기 자신을 속일 수는 없으므로 스스로 근심, 걱정, 괴로움을 만든다. 마음을 비우면 속이 답답한 일도 없고, 불안하고 초조한 일도 없으므로 편안하고 상쾌하니 그것이 바로 마음의 방생이다.

　인간은 가지기만 하고 버릴 줄 모르면 물질이라는 그물에 걸려 구속된다. 우리들이 살아오면서 경험했듯이 가지려고 하면 마음이 초조하고 불안하지만 버리면 마음이 가벼워진다. 억지로 가지려 들지 말고, 주는 대로 거두고 만족하면 근심, 걱정, 괴로움이 사라진다. 마음속에 있는 집착이라는 무거운 짐을 내려놓으면 마음이 가벼워지고 어디를 가든 자유롭다.

　방생은 자비의 마음으로 생명을 가엾이 여기고 자비를 베푸는 것이요, 마음의 방생은 집착을 버리는 것이니 버려라. 버리면 해탈이 되어 새장 안에 있던 새가 새장을 나와 허공을 자유롭게 날듯이 자유롭다.

　욕망이 지나치고 집착이 강하면 자유는 요원할 것이니 마음을 비워보아라. 마음의 방생이 되어 자유로와지므로 방생 법회를 비판하지 마라.

　예, 선생님. 방생은 물고기·새·짐승을 살려주는 것도 방생이지만, 자기 자신의 마음 방생이 더 큰 의미가 있습니다. 방생은 마음의 해탈입니다.

몸·입·마음

불교에서는 죄업 중에 몸과 입, 마음으로 지은 죄업이 가장 많고, 죄업을 짓기는 쉬워도 소멸하기는 어렵다고 했습니다. 죄업을 소멸하기 위해 절에 다니고 수행하고 자비를 베풀어 나누어 가지려고 노력합니다. 이를 설명해 주시기 바랍니다.

불교에서는 몸과 입, 마음을 다스리는 것이 첫째 계율이다. 몸으로 업을 짓고, 입으로 업을 짓고, 마음으로 업을 짓는다. 그 중에 입을 다스리는 것이 제일이다. 입이 하나이고 귀가 두 개인 것은 듣기는 많이 듣고 말은 적게 하라는 뜻이니 누구의 말에도 귀를 기울이고 누구의 말에도 입을 열지 말라는 것이다. 침묵은 금이다. 우리는 하루에도 입으로 말하며 몇 번을 죽이고 살린다. 입으로 공덕을 짓고 입으로 공덕을 파한다. 말은 마음의 눈이므로 무심코 한 말이 자신의 마음을 들어 내 보인다. '한마디 말이 맞지 않으면 천 마디 말이 쓸데없고, 이치에 맞지 않는 말은 하지 않는 것만 못하다' 고 하였다. 말이 많으면 쓸 말이 적으니 입으로 업을 짓지 말아야 한다.

몸으로 짓고,

입으로 짓고,

마음으로 짓네.

자신의 행 중에 가장 쉽게 할 수 있는 것이 입으로 말하고, 마음대로 할 수 있는 것도 말이다. 마음대로 할 수 있는 말이라고 해서 함부로 말하는 것은 자신을 죽이는 일이다.

"한번 날아간 화살은 과녁을 향해 날고, 한번 뱉은 말은 거두어 들일 수 없다."고 하였다. 말은 한번 하고 나면 거두어들일 수 없고 다시 할 수도 없으니 입을 조심하고 말을 조심하라는 것이다.

"입은 화를 부르는 근원이니 반드시 엄하게 지켜야 하고, 몸은 재앙을 부르는 근원이니 가벼이 움직이지 말라."고 하였다. 입을 다스리지 못하고 말을 참지 못해 스스로 화를 자초하고 자기 스스로 인격을 낮추고 자신의 인격을 더럽히고 있다.

《시경》에 "너의 말을 신중하게 하며, 너의 위엄있는 모습을 공손하게 하여 부드럽고 아름답게 하라. 하얀 옥(玉)의 티는 갈아서 없 앨 수 있지만, 말로 저지른 허물은 어떻게 할 수 없다. 경솔하게 말하지 말고 구차하게 핑계대지 말라. 나의 혀를 잡아줄 사람이 없으니 함부로 말을 해서는 안된다."라고 하였다. 이처럼 말과 행동을 조심해야 하는 것이다.

법왕께서 베살리성에 거주하실 때, 제자들과 같이 길을 가다가 나무 밑에서 잠시 쉬고 있었다.

이때 토끼 한 마리가 사냥꾼에게 쫓겨 법왕이 입고 있는 가사장삼 속으로 들어왔다.

뒤따르던 사냥꾼이 토끼를 보지 못했느냐고 물었다.

법왕은 "보지 못했다."고 말했다.

이를 본 제자들이 "스승님은 왜 본 것도 보지 못했다고 거짓말을 하십니까?" 하고 물었다.

법왕께서는 "그것 때문에 사냥꾼이 죽는 일은 없을 것이다."라고 하셨다.

그것은 거짓말이 아니다. 사를 위함이 아니라 말 한마디로 대의를 살릴 수 있다면 행하는 것이 도리이다. 하물며 말 한마디로 토끼의 생명을 살렸으니 거짓말 중의 진실이다.

정어(正語)는 애어시(愛語施)다.

바르고 정직한 말은 바르고 정직한 마음이므로 말을 상냥하고 부드럽게 하는 것은 단순히 듣기 좋게 하는 말이 아니라 부드러운 말은 상대를 공경하는 뜻이기도 하다.

"말 한 마디로 천 냥 빚을 갚는다."는 속담처럼 모든 범사가 다 말로써 이루어지므로 말을 부드럽게 해야 한다. 웃는 얼굴에 침 뱉는 사람 없듯이 웃는 얼굴로 미소를 지으며 대하면, 상대도 웃음으로 대할 것이니 말은 상냥하고 부드럽게 하라는 것이다.

그리고 진리를 말하고 진실을 말하고 양심을 말해야 한다. 말 한마디에 죽이고 살리고 업을 짓고 업이 사라지게 하니 부드럽고 상냥한 말은 업을 소멸하고 거친 말은 업을 짓는다.

"낮말은 새가 듣고 밤 말은 쥐가 듣는다."고 하였으니 입을 조심하고 말을 조심해야 한다.

무심코 한 말이 자신의 마음을 드러낸다.

업 중에 입으로 지은 죄업이 많으므로 죄업을 씻어낸다는 뜻으로 '정구업진언'이라 하였다.

선악이 말 한마디에 있으니 진리를 말하고 진실을 말하고 양심을 말하는 것이다. 말을 조심하고 입을 조심하여 입으로 죄업을 짓지 말아야 할 것이다.

예, 선생님 말씀을 듣고 보니 말은 마음의 눈입니다. 무심코 한 말이 자신의 마음을 드러내 보입니다.

말을 부드럽게 상냥하고 선하게 하는 것은 마음이 선하다는 뜻이니 말에 선악이 있습니다.

불교는 버리기 위해 수행합니다.

꿈도 버리고 희망도 버리고 욕망도 버리는지요?

무엇을 버리고, 무엇을 성취하는가

“불교에서는 마음을 비우고 버리라고 합니다. 욕망도 버리고 희망도 버리고 꿈도 버리고 의욕도 버리고 성취하는 것은 없는지요? 자세히 설명해 주시기 바랍니다.”

“불교는 성취하기 위해 믿고, 성취하기 위해 수행하고, 성취하기 위해 절에 다니고, 성취하기 위해 버린다. 지혜를 얻기 위해 버리고, 마음을 다스리기 위해 버리고, 마음의 문을 열기 위해 버리고, 버려야 지혜의 문이 열린다. 버리고 마음의 깨끗함이 그 무엇보다 소중하다는 것을 알 때 진정한 욕망이 무엇인지 알 것이니 욕망을 버리지 말고 희망을 버리지 마라. 성취한 후에 버려라.”

불교는 배워서 알고 실천하기 위해 믿는다.

배움으로서 지혜가 열리고 지혜가 열려야 ‘나’라는 아상을 버리고 자신을 낮추어 마음을 다스린다. 마음을 다스려 지나친 욕망을 잠재우고 집착을 잠재우고 탐욕을 잠재워서 번뇌가 일어나지 않도록 하는 것이다.

마음을 비우고 자비를 실천하면 성취할 수 있다.

수행인이든 재가불자든 실천이 없으면 바른 신앙인이 아니므로 자비를 실천하는 것이다.

불교의 법문은 마음을 비우라는 것으로부터 시작한다. 그런데 이것을 잘못 이해하면 크나큰 우(愚)를 범할 수 있다.

마음을 깨닫기 위해 참선하고, 진리를 깨닫기 위해 수행하고, 진리를 성취하기 위해 기도하는 것이니 버리기에 앞서 먼저 배우고 익혀서 성취하고 성취한 후에 버려야 한다.

깨닫기 위해 정진해야 하고, 진리를 얻기 위해 수행해야 하고, 능력을 얻기 위해 기도를 해야 하고, 법을 알기 위해 학문을 배워야 한다.

배우고 익히는 것은 지혜를 얻는 방편이요, 포교의 약이다. 알지 못하면 지혜를 얻을 수도 없고, 법을 전할 수도 없다.

경을 알기 위해 학문을 배워야 하고, 마음을 닦기 위해 염불을 해야 하고, 도를 이루기 위해 참선을 해야 하고, 능력을 얻기 위해 기도를 해야 하고, 진리를 깨닫기 위해 수행을 해야 하고, 마음을 다스려 자아가 죽어야 밝은 마음을 볼 수 있다.

도를 성취하고 열반이 이루어지고 나면 가져라 해도 가질 필요가 없으므로 다 버린다.

학문을 많이 배운 사람은 학문을 모르는 듯이 하고, 능력을 얻은 사람은 능력이 없는 듯이 하고, 도를 이룬 사람은 진리를 펼친다.

이때 불립문자(不立文字)가 성립된다.

보는 것마다 공이요, 듣는 소리마다 공이요, 마음도 공이니 가지고 버릴 것이 없는 것이다.

재가불자들 역시 명예를 얻기 위해 끊임없이 노력해야 하고 부를 이루기 위해 성실하게 노력을 해야 한다. 이때 명예를 성취하는 방법과 부를 이루는 방법이 좋아야 하고, 부와 명예를 다 이루어지고 나면 봉사하고 자비를 베풀어야 하고 보시해야 한다.

명예를 성취한 사람은 정의를 실천하며 약자의 편에 서서 봉사해야 하고, 부를 많이 이룬 사람은 자신보다 가난하고 부족한 사람들에게 나누어 주고 베풀며 붇자로서의 역할을 해야 한다.

이것이 마음을 비우는 참뜻인데, 마음을 비우라는 참뜻을 바로 알지 못하고 마음을 비운답시고 성취해야 할 때에 성취하지 않고 미리 버리는 것은 무능함이요, 어리석음이요, 그 자체를 포기하는 행위이니 버리기 전에 먼저 성취하고 성취한 후에 버려야 하는 것이다.

수행인이나 재가불자들은 이루기도 전에 미리 버리는 어리석은 우를 범하지 마라. 열매가 익기도 전에 떨어지면 그 열매는 싹을 틔울 수 없듯이 성취하기도 전에 미리 버리는 것은 자멸이며, 그는 포기하는 자요, 어리석은 자이다.

자신이 스스로 알고 있는 것을 다시 보고 괴로움의 원인을 제거해야 한다.

익기도 전에 능력이라고 외치지 마라

능력은 진리도 아니고 깨달음도 아니다.

수행에서 제일 무서운 적은 자신이 알고 있는 그곳에 있다. 깨닫기도 전에 작은 것을 얻고 기뻐하지 마라.

그것은 무서운 적이다.

능력이란 병은 자유의 수행인들이 가장 많이 걸리는 병이다. 수행에 몰입하다 보면 환상을 볼 수도 있다. 그것은 악마들이 그대를 시험하고 있다는 것을 잊지 말고, 그것을 깨달음이라고 착각하지 마라.

　예, 선생님. 불교는 버리기 전에 먼저 성취하고 성취하기 위해 버리는군요. 그것도 모르고 버리라고만 하기에 이해하기 어려웠습니다. 버리고 가지는 것을 이제야 알았습니다.

　불교에서는 사람을 4가지 상으로 분류하고 있습니다.

아상·인상·중생상·수자상

“불교는 4가지 상을 버리는 것이 첫째 수행이라고 했습니다. 상을 버리기 위해 수행합니다. 4가지 상에 대해 자세히 설명해 주시기 바랍니다.”

“불교는 4개의 상을 버리기 위해 수행한다. 혹자들은 불교를 조금 알고 있다고 하여 걸핏하면 ‘마음이 법이다’, ‘마음이 부처다’하며 마치 마음 법을 다 깨달은 사른처럼 화두는 어떻고, 공은 어떻고, 무는 어떻고, 마음은 어떻고, 보살은 어떻고 하면서 전체를 매도하는 것은 잘못이다. 진정으로 아는 사람은 드러내지 않는다.”

불교는 입으로 믿는 것이 아니라 실천이다.

실천은 하지 않으면서 입으로만 믿으며 진정으로 알아야 할 자기 자신은 모르고 있다.

인간은 많은 것을 잘 알면서도 자기 자신은 모르고 있다.

자신을 빼놓고 다 아는 것처럼 어리석음은 없다. 세상을 다 알면서도 자신을 모르는 것은 잘난 체 하기 때문이다.

이른바 어리석은 자는 못난 놈이 잘난 체, 없는 놈이 있는 체, 모르는 놈이 아는 체 하는 자들이다.

자신을 아는 자는 지혜로운 사람이다.

어리석은 자들은 눈이 눈을 볼 수 없고 거울이 거울을 볼 수 없듯이 자신의 무명을 스스로 보지 못한다.

그들은 불교라는 미묘한 법을 잘 알지도 못하면서 쥐꼬리 만한 지식으로 아는 체 하고 있다. 실천은 하지 않고 입으로만 믿으며 아는 체 하는 사람들은 모르는 사람들보다도 못하다.

그들은 아상이라는 병이 들어 있다. 나라는 상에서 일어나는 병이다. 사람의 병 중에 가장 큰 병이다. 모르는 몸이 아는 체 하고 입으로 믿는 자들이다.

나라는 상에 사로잡혀 자신이 최고라는 병에 걸려 있다. 나라는 상을 버리면 자연히 치료가 된다.

자신의 상병을 치료하려면 자신을 다스려야 한다. 자신의 아집과 자존심을 버려야 치료되는 병이므로 자신을 낮추고 마음을 다스리는 것이 약이다.

사람은 4개의 상(相)이 있다.

아상(我相)·인상(人相)·중생상(衆生相)·수자상(壽者相)이다.

아상은 '나'라는 상이다.

모든 것을 자기 입장에서 해석하고 남의 입장은 생각하지 않고 행동하는 어리석은 사람이다.

인상은 내가 아닌 남이라는 상이다.

잘한 일은 내가 하는 일이고 못한 일은 남에게 돌리는 어리석은 사람이다.

중생상은 괴로움을 싫어하는 상이다.

자신의 이익을 위해 살고 양보할 줄 모르는 사람이다.

수자상은 모든 것을 잘 알면서도 실천하지 않는 사람이다. 법을 알면서 실천하지 않으면 해탈이 아니라 열반은 요원하다. 수행인들이 상을 버리지 못하면 상이라는 속에 갇혀서 영원히 해탈도 못하고 열반도 이루지 못한다.

이들은 '나'라는 상에 사로잡혀 경문을 소홀히 하고, 염불을 소홀히 하고, 참선을 소홀히 하고, 기도를 소홀히 하고, 계율을 소홀히 하고, 수행을 소홀히 한다.

그들의 병은 조그마한 재주를 가지고 자신의 상을 드러내는 자들에게 걸리는 병이다. '나'라는 상을 드러내는 병이므로 자신을 낮추는 것이 약이다.

법왕께서는 마음을 항복 받고 '나'라는 상을 소멸하는 방편을 알려주기 위해 손수 바리를 들그 걸식을 하셨다.

걸식을 하실 때 고개를 숙이고 절을 하는 것은 자신의 마음을 다스려 자신을 낮추고 마음을 항복 받는다. 마음을 항복 받기 위해서는 자신을 낮추는 일이다.

법왕께서 걸식을 하실 때 부잣집과 가난한 집을 가리지 않고 차례차례 방문하셨다. 차례차례 방문한 것은 중생과 부처의 차별 없는 평등함을 보여 주는 것이요, 부자도 복을 짓고 가난한 자는 더욱 복을 지으라는 뜻이다.

법왕의 걸식은 먹을 것이 없고 입을 것이 없어서가 아니라 마음을 항복 받는 방편이었다. 먼 곳에 있는 백만 대군을 항복 받기는 쉬워도 가까이 몸속에 있는 마음을 항복 받기는 어렵다고 하였다.

법왕께서는 수백 마디의 말브다는 행동으로 보여 주셨고, 마음을 항복 받아 겸손함을 가르쳐 주셨다.

"자신을 다스리면 세계를 다스린다."

자신을 다스리는 것이 승자이다.

법왕께서는 몸의 실천으로 아상·인상·중생상·수자상을 깨트리는 방법을 가르쳐 주셨다. 자신의 마음을 항복 받는 승자가 되라는 것이다.

"남은 용서하되 자신은 용서하지 말라."고 했다. 우리는 자신의 마음을 항복 받지 못하고 있다.

자존심과 교만이 들어 자신을 스스로 죽이고 있다.

자신은 관대하게 용서하면서도 남은 용서하지 않는다.

자신의 마음을 항복 받아 자신과의 싸움에서 지고 있다. 자신과의 싸움에서 패함으로서 패자가 되고 있다.

패자들이여! 승자라 외치지 마라.

마음이 요동치고 진리가 파도를 친다.

패자가 되지 마라. 승자가 되어라.

이웃 사랑은 승자이다.

승자는 용서할 수 있고 패자는 용서할 수 없다.

자기 자신은 항복 받지 못하면서 상대에게 이기는
것이 승자라 착각하지 마라.

우리는 세상 모든 것을 잘 알면서도 자기 자신은 모르고 있다.
자기 자신을 바로 알고 자신에게 순종하고 이기는 자가 승자이다.

자신을 항복 받지 못해 패자가 되지 말며,

자신이 늘 최고라고 착각하지 말아야 한다.

그리고 상대를 항복 받는 것이 승자라 착각하지 마라.

진정한 승자는 상대에게 항복 받는 것이 아니라 자신의 양심에 순종하는 것이 승자이다.

마음을 항복 받아 승자가 되면 그때 모든 아상이 살아지고 자유로와지느니라.

예, 선생님. 잘 알았습니다.

상을 버려야 겸손해 지는 것을 사람들은 자존심과 교만으로 자신을 낮출 줄 모르므로 늘 시시비비가 벌어집니다.

불교는 자비를 베풀어 서로 나누어 가진 것이라 했습니다. 자비를 베풀어 물질을 나누고 정을 나누고 서로 사랑하는 것이 불교 수행의 본질이라 했습니다.

보시바라밀

❝ 불교는 보시바라밀을 실천하는 것이 제일 큰 공덕이요, 이것이 보살행이라고 했습니다. 보시를 실천하는 것이 대승보살의 길입니다. 보시바라밀의 큰 공덕에 대해 자세히 설명해 주시기 바랍니다. ❞

❝ 우리의 삶은 육제적·물질적 삶과 정신적·비물질적 삶이 있다. 눈에 보이는 양식은 몸을 살찌게 하고 눈에 보이지 않는 양식은 정신을 살찌게 한다. 물질의 양식은 입으로 먹는 양식으로 형체가 있어 물질을 구하는 방법이 천박하고 비물질의 양식은 마음으로 먹는 양식으로 형체가 없어 신성한 양식이다. 입으로 먹는 양식은 동물의 삶이요, 마음으로 먹는 양식은 사람의 삶이다. ❞

우리의 삶은 여러 방법이 있지만, 육체의 삶은 물질의 삶이요, 정신의 삶은 비물질의 삶이다. 물질의 삶은 정신을 더럽히고 정신의 삶은 몸을 빛나게 한다. 살아있는 동안 위대했던 사람은 죽은 뒤에는 두 배로 위대하다.

선은 나눌수록 더 커지고 그 빛이 밝아진다.

물질의 양식은 아무리 많아도 없어질 날이 있고 비물질의 양식은 아무리 써도 없어지지 않는다. 그것이 자비·사랑·보시·나눔이다. 법왕께서는 자비의 양식으로 일체중생을 구원하셨다. 보시는 3종 보시, 7종 보시가 있다.

3종 보시

1) 재보시(財布施) : 자신보다 어려운 사람에게 재물을 나누어 주고 베푸는 일
2) 법보시(法布施) : 다른 사람에게 부처님의 법과 진리를 전해 주는 일
3) 무외보시(無畏布施) : 계율을 잘 지켜서 실천하는 일

7종 보시

1) 자안시(慈眼施) : 자비로 가득한 눈으로 바라보고 웃음으로 대하는 일
2) 화용시(和容施) : 부드러운 얼굴로 상냥하게 미소를 지으며 대하는 일
3) 애어시(愛語施) : 부드러운 말로 상냥하고 친절하게 대하는 일
4) 사신시(捨身施) : 자기 몸을 사리지 않고 어려움을 돕는 일
5) 방사시(房舍施) : 편안히 자고 갈 수 있도록 잠자리를 제공하는 일
6) 상좌시(床坐施) : 노인이나 몸이 불편한 사람에게 자리를 양보하는 일
7) 심려시(心慮施) : 남의 어려움이나 슬픔을 위로하는 일

보시는 법보시가 제일이라고 했다. 돈이나 물질을 꼭 주는 것만이 보시는 아니다. 진정한 보시는 자비의 마음을 나누어 가진다.

상냥한 말로 미소를 지으며 대하고 슬플 때는 같이 슬퍼하고 기쁠 때는 같이 기뻐하고 위로하는 것이 보시다.

사람에게 가장 소중한 것은 나눔이다.

보시를 할 때는 보상을 바라지 마라. 베풀어놓은 공덕마저 감소하게 된다.

보시는 주고받는 것에 보상을 바라거나 자신을 나타내는 것은 순수한 보시가 아니다. 보시는 주는 사람이 주었다는 생각이 없어야 순수한 보시다.

나누고 살아라.
베풀고 살아라.
자비로 살아라.

나누고 살면 구원 받는다. 나누고 사는 것은 사람의 삶이요, 인색은 동물의 삶이다. 인색은 자신을 죽이는 일이고 나누고 사는 것은 자신을 살리는 일이다. 사랑할 줄 모르는 사람은 사랑을 받을 줄도 모른다. 나누어 주는 것은 되로 주고 말로 받는다. 내가 나누어주면 그는 두 배로 갚는 것이 이심전심이다.

보시는 서로 나누어 가지므로 받는 사람보다 주는 사람이 더 즐거움을 느낀다. 보시는 큰 것을 실천하기는 어려우니 작은 것부터 실천하라. 흘러간 물도 떠주면 공이라 했다. 작은 것을 실천하다 보면 자연히 큰 것을 실천한다.

법왕께서는 길가에 병들어 죽어 가는 강아지가 배고파 울고 있을 때 식은 밥 한 덩어리를 강아지에게 주는 것이 부처님 자신에게 진수성찬을 차려놓고 절을 하는 것보다 훨씬 공덕이 크다고 하셨다.

예수님은 "오른손이 하는 일을 왼손이 모르게 하라."고 하였다. 은혜를 베풀되 보답을 바라지 말며, 준 뒤에는 후회하지 말라는 것이다. 보답을 바라고 자랑하고 후회하는 것은 참 보시가 아니다.

자랑하지 마라.
후회하지 마라.
물어보지 마라.
군담하지 마라.
의심하지 마라.

인도 북부 히말라야 산 밑의 천산 산맥에는 수많은 수행자가 있다. 그들도 먹어야 수행을 할 수 있으므로 일정기간 길에서 구걸하고 있다.

인도 사람들은 그곳에 가서 수도하는 수행인들에게 보시하는 것이 제일 큰 공덕이라 믿고 성지순례를 하고 있다. 그곳을 순례하는 사람들은 집에서 출발하기 전 그들에게 깨끗한 돈을 주기 위해 은행에 가서 새 돈으로 바꾸어 가지고 가서 주는 것이 복으로 생각하고 있다. 이때 길에서 구걸을 하는 사람들 중에는 수행자도 있고 걸식을 하는 사람이 뒤섞여 있기도 하다.

성지순례를 하는 사람들은 수행인이든 구걸을 하는 사람이든 차별하지 않고 모두에게 똑같이 고르게 나누어 주며 만족한다고 한다. 보시는 차별이 없다. 주는 사람이나 받는 사람 모두 즐거운 것이 보시이다.

보시는 돈이든 음식이든 물건이든 그들이 필요할 때 주는 것은 두 배의 공덕이 된다.

굶주린 사람에게는 음식이 필요하고, 의복이 없는 사람에게는 의복이 필요하고, 돈이 필요한 사람에게는 돈이 필요하다.

성지순례를 하는 사람들은 어느 누구도 차별하지 않고 주는 것으로 만족한다고 하였으니 보시는 나누어 주는 것으로 자비의 씨앗을 심는다. 자비의 씨앗은 성불의 지름길이니 보시를 하려거든 차별하지 말고, 군담하지 말고, 의심하지 말고, 자비의 씨앗을 심는 것으로 만족하는 것이다.

법장 스님이 남기신 글 중에 "나에게 바랑이 하나 있는데 담아도 담아도 넘치지 않고 주어도 주어도 줄지 않는다."라는 말씀이 있다. 넘치지 않고 줄지 않는 것은 자비이다. 자비는 아무리 베풀어도 넘치지도 않고 줄지도 않는다.

자비를 베풀어야 한다. 보시는 만병의 선약도 되고 자비심의 등불도 된다. 값이 있는 보배는 아무리 많아도 없어질 날이 있고 값이 없는 보배는 아무리 써도 없어지지 않으므로 보배이다. 아무리 주어도 넘치지도 않고 줄지도 않는 자비를 베풀면 그 열매가 무르익어 성불할 수 있을 것이다.

작은 것이라도 나누어 가지며 실천해야 한다.
하나의 선행은 다른 하나의 선행을 부른다.
덕은 외롭지 않고 반드시 이웃이 있다. 덕을 베풀면 덕이 쌓여 살아서는 이름을 날리고 죽어서도 이름이 남는다.

보시는 값이 없는 보배이므로 보시를 할 때는 따질 필요도 없고 용도를 물어 볼 필요도 없다. 그가 어디에 쓰든 그가 밝히지 않는 이상 주는 사람이 물어 보지 마라. 물어보고 주는 것은 보시가 아

니다. 보시는 그대의 마음에 자비의 종자를 심는 것으로 만족하
라. 자비의 종자를 심어놓으면 그 열개의 결실로 영원한 영생을
얻을 것이다.

　예, 선생님. 보시는 그야말로 순수한 마음을 나누는 것입니다.
이 보시를 실천하고 서로 나누고 살면 자연히 인간성이 회복되겠
습니다. 불교는 기도하는 방법도 다양하고 가르치는 방법도 다양
하고 믿는 방법도 다양합니다.

믿음의 3종류

세상에는 다양한 사람이 살아가듯이 불교를 가르치는 수행인
이나 불교를 믿는 사람이 다양하다. 더욱 불교는 율법을 가르
치는 종교로서 믿는 방법이 다양하고 기도하는 방법이 다양하
고 가르치는 방법도 다양하다. 다양함으로 가르치는 수행인들
에 따라 달라질 수도 있고 기도의 방법에 따라 달라질 수도 있
으나 재가불자들이 어느 것을 배우고 믿든 서까래가 대들보를
의지하듯이 불법을 의지한다면 그것은 잘못이 아니다.

자신의 능력을 과시하는 사람들은 정법이 아니므로 구분해야
한다. 사를 부리는 사람을 가까이 하면 사를 따르기 쉽고, 공생하
는 것이 아니라 다 같이 죽을 수 있고, 정법을 가르치는 사람을 가
까이 하면 정법을 따라 자신도 구원하고 이웃도 구원할 수 있다.
여기서 믿는 사람을 3가지로 분류해 본다.

첫째, 깨닫기 위해 믿는 사람
둘째, 바르게 믿는 사람

셋째, 살기 위해 믿는 사람

첫째, 깨닫기 위해 믿는 사람이다

선가(禪家)에서는 이 깨달음의 길을 두고 돈오돈수(頓悟頓修)니, 돈오점수(頓悟漸修)니 하며 심심찮게 등장하고 있다.

돈오돈수는 보고 듣는 즉시 단박에 깨닫는 것이요, 돈오점수는 수행을 하면서 점차로 깨닫는 것이다.

수행인들이 누구나 그 순간, 찰나를 포착하기 위해 오랫동안 수행한다.

깨달음은 여러 길이 있다.

여러 길이 있으므로 무엇을 잘한다 해서 깨닫는 것은 아니다. 문제는 목적지에 얼마나 빨리 가느냐가 문제가 아니라 목적지가 어디냐이다. 깨달음이 목적지라면 그것은 돈수든 점수든 깨달음의 길에 있다.

천천히 가는 것을 두려워하지 말고, 계속해서 정진하라. 지혜의 문이 열릴 것이다.

정지하는 것을 두려워하고 계속하라. 깨달음이 거기에 있으니 돈오를 했다 해서 자랑할 일이 아니요, 점수라 해서 부끄러워 할 일도 아니다. 무엇보다 돈오다 점수다 견성이다 하는 것보다 각자 자신의 인연에 따라 수행할 때 작은 업도 짓지 않고 불법을 보호하려는 노력이 필요하다.

지식은 배움으로서 얻고,
지혜는 버림으로서 얻고,
진리는 깨침으로서 얻네.

설법은 법사에 따라 법문이 다르고 보살에 따라 꿈 해몽이 다르 듯이 깨달음의 길도 다르다. 경전을 보기도 하고 염불을 하기도 하고 참선을 하기도 하고 기도를 하기도 한다.

무엇을 익히고 잘 한다고 해서 지혜가 열리고 깨닫는 것은 아니다. 그렇기 때문에 어느 길이 지혜를 얻고 깨달음으로 가는 바른 길이라 말할 수 없다. 각자 자신의 인연에 따라 진리를 찾아 마음을 밝힌다.

"내 차라리 하루 동안 계율을 지키다 죽을지언정 백 년 동안 깨트리지 않고 살기를 원한다."

계율을 지키고 외도를 걷지 않고 사에 물들지 않고 바른 길을 가기 위해 마음을 다스려 자신을 낮추고 마음을 항복 받아 그물에 걸리지 않는 바람처럼 자유로운 마음이 해탈이다.

오랜 세월에 거쳐 수행하다 보면 여러 가지 경험과 체험을 한다. 어떤 사람은 지혜가 열리고, 어떤 사람은 지리·의술·역술과 같은 능력을 얻고, 어떤 사람은 상대를 꿰뚫어보는 관찰력을 얻고, 어떤 사람은 염력(念力)을 얻어 앉은 자리에서 천리를 보고, 어떤 사람은 삼매에 들어 신의 환영을 받기도 한다.

수행하는 사람은 깨달음과 능력을 혼돈하지 마라.

맑고 깨끗한 불성은 온전하고 완전한 것으로 그 무엇으로도 더 럽힐 수 없으므로 재주를 깨달음이라 착각하지 마라.

진리를 깨닫기 위해 믿는 사람은 의술·역술·신 등의 이러한 장벽의 관문을 통과하고 어느 곳에도 집착하지 않는다. 능력과 재주는 악마의 조작일 수도 있고, 외도일 수도 있고, 사도일 수도 있다.

이것은 수행인들이 가장 많이 걸리는 무서운 병이요, 악마이며,

또한 수행인들에게 가장 많이 나타나는 현상이다.

수행인들은 이 점에 주의하지 않으면 크나큰 우를 범할 수 있다. 사도에 빠지면 개인주의화되기 쉽고, 개인주의는 자신뿐만 아니라 불교를 죽이는 일이다.

법왕께서는 많은 능력을 얻으셨지칸, 법으로 중생을 구제하셨지 능력으로 구제하신 바 없다. 그 능력은 항상 마귀가 개입될 수도 있고, 사의 조작일 수도 있고, 환상을 볼 수도 있고, 요가의 수행일 수도 있다.

법왕께서는 천안통을 하시고 6통을 하셨지만, 그 능력을 거부하셨다. 그 이유는 그것은 진리가 아니기 때문이다.

혹자들은 그것이 깨달음이라 착각하고 큰 깨달음을 얻기 전에 능력이라는 것에 사로잡혀 외도를 걷고 있다.

그 역시 열반의 길에 이르는 방편은 될 수 있으므로 능력을 얻는 것이 허물은 아니지만, 외도는 허물이다.

외도는 정법을 흐리게 할 수 있으므로 능력의 모습을 보이는 것은 허물이 되고 감추면 도력(道力)이 되니 능력의 모습을 보이는 것은 피하는 것이 수행인들의 도리이요, 수행인들은 감추는 것이 미덕이다.

수행인이나 재가불자는 수행하는 과정에서 수많은 것을 경험하고 체험한다. 이때 지혜가 밝은 사람들은 그 유혹에 넘어가지 않지마는 지혜가 얕은 사람들은 그 수많은 장벽의 관문을 통과하지 못하고 그것이 능력이요, 깨달음이라 착각하고 그것에 노예가 되어 외도를 할 수도 있고 사도에 빠질 수도 있다.

그 능력은 법도 아니요, 진리도 아니요, 깨달음도 아니다. 그들이 익힌 재주에 불과하다.

능력을 얻은 사람은 악마의 조작일 수도 있고 환상을 볼 수도 있으니 악마의 유혹에 넘어가지 마라. 능력을 얻었다고 해서 자랑하지 않고 능력의 모습을 감추고 겸손한 마음으로 자비를 실천해야 한다.

능력은 누가 만들어 주는 것이 아니라 자기 스스로 만드는 것이다. 진솔하게 믿는 마음에서 능력을 얻는다.

마음을 다 비우고 해탈하면 스스로 초능력을 얻는다. 완전한 해탈은 모든 것을 초월하고 모든 업을 다 녹이고 모든 것을 다 얻는다.

지혜를 얻을 수도 있고, 능력을 얻을 수도 있고, 부를 얻을 수도 있고, 권력을 얻을 수도 있고, 병을 치료할 수도 있고, 관찰력도 얻고 천리안도 얻고, 깨닫고 열반을 성취할 수도 있고, 장수할 수도 있다.

"진리는 깨달음으로써 얻는다."고 했다. 그분이 다름 아닌 조실 스님이다.

큰 산에 우뚝 서 있는 소나무와 같이 오랜 세월을 거치면서 눈비가 오거나 바람이 불거나 온갖 풍상을 다 맞으면서도 언제나 한결같은 마음으로 아름다운 자태를 잃지 않고 항상 그곳에 있으면서 푸르고 청정한 솔잎과 함께 아름다움을 뽐내고 있듯이 온갖 세파에 시달리면서도 외도를 걷지 않고 진흙에 묻혀 있는 옥처럼 변하지 않고 이 자리까지 와서 큰스님이 되어 온화한 자태로 법을 설하니 그를 일러 조실 스님이라고 한다.

지금은 아무 권력도 없고 직책도 없고 외딴 곳에 방 한 칸을 차지하고 뒷방 신세를 지고 있지만, 어린 시절 절에 들어와 사미계(沙彌戒)를 받고 오랜 세월을 지내면서 신의 환영도 받아 보았고, 능력의 환영도 받아 보았고, 많은 불자들에게 존경도 받아 보았고, 온

갖 유혹도 받아 보았지만, 온갖 유혹 다 뿌리치고 외도를 걷지 않
고 사에 물들지 않고 불법을 몸과 마음으로 수호하고 지키며 언제
나 한결같은 마음으로 진리에 생명을 절이고 도를 지켜왔으니 이
분이 바로 능력자요, 도인이다.

불법과 한번 인연을 맺어 좋든 싫든 그것이 숙명인 줄 알고 그
진리라는 인연줄에 생명을 걸고 개혁파다 보수파다 귀를 기울이
지 않고 욕망도 벗어 놓고 집착도 벗어 놓고 온갖 세상 다 버리고
내 탓이다 네 탓이다 할 것도 없고 좋다 싫다 하는 분별도 벗어 놓
고 탐욕도 벗어 놓고 성냄도 벗어 놓고 진리의 법식에 생명을 바
쳐 하루해가 짧다 하고 법을 설하여 청정한 마음으로 열반에 머물
고 있으니 그가 곧 도인의 자태요, 선사의 자태요, 보살의 자태이
니 그를 일러 깨달은 사람이다.

깨달음을 얻어 선지식이 된 사람은 어떤 능력을 얻어 묘법을 일
으키는 것이 아니라 자비의 실천이다. 자비의 실천은 법왕의 가르
침이다.

자기 사랑이 아니라 이웃 사랑이다.

매사를 긍정적으로 보고 웃음으로 대하고 뽐내지 않고 자랑하
지 않고 주어진 것에 만족하고 남을 속이거나 멸시하거나 미워하
거나 시기하거나 질투하거나 고통을 주거나 괴롭히지 않고 살아
있는 생명체를 가엾이 여긴다.

약한 것이건 강한 것이건, 큰 것이건, 작은 것이건, 멀리 있건 가
까이 있건 미물이라 할지라도 자비심을 골고루 스며들게 하여 자
비를 나누고 사랑을 나누고 마음을 나누고 정을 나누고 보시하는
마음으로 진리의 향기에 그윽하여 그물에 걸리지 않는 바람처럼
자유롭고, 어디를 가든 어디에 있든 고요하여 진흙에 물들지 않는

연꽃처럼 어느 곳에도 물들지 않는 스승이다.

소리에 놀라지 않는 사자처럼,
그물에 걸리지 않는 바람처럼,
진흙에 물들지 않는 연꽃처럼.

수행으로서 깨달은 사람은 눈으로 보고 귀로 듣고 형식적인 계율에 얽매이지 않는다. 다 타버린 재는 불이 붙지 않듯이 욕망이 다 타버린 마음에는 번뇌가 일어나지 않는다. 번뇌를 다 태워서 허공처럼 맑고 깨끗한 마음에 머물고 있으니 그를 일러 열반에 이르러 완성했다고 한다.

물론 조실 스님뿐만 아니라 많은 스님들과 재가불자들도 지혜가 열려 법을 설하고 진리의 말씀으로 가득하여 진리를 더럽히지 않고 환희와 자비심을 내어 위로는 공경하고 아래로는 사랑을 나누고 정을 나누고 보시를 실천하면 존경을 받아야 한다.

둘째, 바르게 믿는 사람이다
바르게 믿는 사람들은 처음이나 중간, 끝이 다르지 않고 언제나 변하지 아니하여 한결같은 마음으로 자신의 소임을 다 하고 그 생활에 만족을 느끼는 사람이다.
이런 사람들은 깨닫기 위해 서두르지 않고 게으름을 부리지도 않고 매사에 만족을 느끼고 실천하려는 것이 그들의 생활이다.
그들은 양심대로 사는 것이 진리인 줄 알고 오직 진리의 말씀을 실천하고 그 법을 익히기에 여념이 없다.

바른 생활이 바른 수행이요, 바른 윤리가 바른 진리라 여기며 그 율법을 자기화 하여 생활하는 것이 수행이라 믿고 진솔하게 믿는 사람들이다. 영국의 전 총리 대처 여사는 자신의 종교관에 대해 다음과 같이 말하였다.

어느 날 어떤 기자가 대처 여사에게 종교관에 대해 물었다. 대처 여사가 "사람도 하나의 동물입니다. 동물은 옷을 같은 색깔로 1년에 1번씩 갈아입지만, 사람은 옷의 색깔을 자유자재로 바꾸어 갈아입고 아름다움을 뽐내고 멋을 부립니다.

사람은 다른 동물과 달리 사람은 두 손으로 물건을 만들 수 있고 사람에게는 이성이라는 사랑·윤리·정의가 있기 때문에 멋을 알고 부끄러움을 압니다.

부끄러움을 안다는 것은 사람의 인품 중에 가장 소중한 이성이라는 덕을 갖추고 있으므로 부끄러움을 압니다.

사람의 이성이라는 덕은 사랑·봉사·박애 정신입니다.

이런 아름다운 봉사 정신이 아무리 좋아도 교육 없이 그저 얻어지지는 않으므로 사랑·봉사·박애·정신이 가득한 교단에 가서 교육을 받고 사회에 봉사하여 인류가 다함께 더불어 살아가는 소금의 역할을 하기 위해 교단을 찾고 있습니다." 하고 말하였다.

바르게 믿는 사람들은 어떤 보상을 바라고 믿는 것이 아니라 사랑의 진리로 자비를 베풀어 더불어 살고 자신도 구원하고 이웃도 구원한다.

바르게 믿는 사람은 사랑·봉사·박애 정신이 아무리 좋아도 교육 없이 그저 얻지는 것이 아니므로 그것을 배우기 위해 교단을 찾는다고 했다.

바르게 믿는 사람들은 사랑·윤리·정의가 진리인 줄 알고 그 어떤 유혹에도 넘어가지 않고 진솔하게 믿는 사람이다. 주어진 것에 만족하고 낭비하지 않고 교만하지 않고 겸손하며 불의와 타협하지 않고 정의를 실천하며 자신에게 주어진 소임을 다하고 믿음을 다하고 항상 감사하며 상대를 배려하고 이해와 협력으로 살아가는 사람들이 바르게 믿는 사람이다. 바르게 믿는 사람들은 자신의 삶뿐만 아니라 다 같이 살며 더불어 살아간다.

"국가는 더불어 살기 위해 존재하고 다 같이 살기 위해 존재한다."고 하였다.

종교 역시 다 같이 살기 위해 존재하고 더 잘 살기 위해 믿는다. 사랑의 교육을 받고 사회에 소금의 역할을 하여 다 같이 더불어 살기 위해 믿는다.

셋째, 살기 위해 믿는 사람이다

오늘날 우리 사회는 구석구석이 비이성적이고 비윤리적이다. 정치·종교·사회 어느 한 곳도 바르게 흐르는 곳이 없고 비윤리를 당연한 것으로 생각하고 있다.

정치·종교·사회 모두 제 갈 길을 가지 못하고 자신도 모르는 사이에 병들어 있다. 자신의 재주를 뽐내고 자랑하며, 그것을 오히려 정당화시키려 한다.

법왕께서는 수행하는 사람들이 불법 외의 짓을 하는 것은 본분을 잃은 것이요 외도라 하셨다.

외도는 바르게 믿지 않는 사람이다.

외도에 편승한 재가불자들도 그들과 다를 바 없지만, 그 능력자들의 외침에 불자들의 마음은 혼란스럽고 갈피를 잡을 수가 없다.

비록 진흙에도 물들지 않는 것이 불법이라 했지만, 그때마다 근기가 약한 불자들은 크고 작은 분별심을 일으켜 신앙생활에 혼란만 가중되고 있다.

능력자들을 따를 것인가 불법을 따를 것인가 하고 고민하며 발걸음을 무겁게 한다.

요즈음은 가짜들이 판을 치고 있다.

외모만 번지르르 화려하게 갖추었을 뿐 속은 병이 들어 선지식들이 의지할 곳이 없으니 더러움의 극치로다.

가짜들이여! 진리라 외치지 마라. 부처님이 노하시고 보살들이 통곡하리라.

법왕께서는 더러움을 4가지로 분류하였다.

1) 안에 더러움이 있는 것을 모르고 율법을 어기고 계율을 범하고도 남이 알게 되면 부끄러워하기보다는 오히려 화를 내고 그것을 합리화시키며 부끄러움을 모르는 사람이요,

2) 안에 더러움이 없는 것을 모르는 사람은 선악을 구분하지 못하는 사람이요,

3) 안에 더러움이 있는 것을 스스로 아는 사람은 지혜가 밝은 사람이요,

4) 안에 더러움이 없는 것을 스스로 아는 사람은 깨달은 사람이다.

사람은 누구나 비양심의 더러움이 있으나 자신의 행위가 더러움

인지 모르고 있다. 겉모습이 더러운 줄은 알면서도 속이 더러운 줄은 모르고 외모만 번지르르 갖추려 한다.

인간은 삶이라는 것에 구속되어 물질의 가난은 알면서도 정신의 가난은 모르고 겉모습을 가꾸는 것이 잘 사는 것으로 착각하고 있다.

정신의 가난을 아는 사람은 지혜가 밝은 사람이요, 정신의 가난을 모르는 사람은 어리석은 사람이다.

불교를 정법(正法) · 상법(像法) · 말법(末法)으로 분류하고 있다. 법왕께서 법을 설파하신 당시를 정법시대라 하고 법왕께서 열반하신 후를 상법시대라 하고 불교가 혼탁한 시대를 말법시대라 한다.

이 말대로 분류하면 오늘날과 같이 사회가 혼탁한 이 시대를 말법시대라 말할 수 있으므로 혹자들은 지금이 말법시대라 말하고 있다.

、 그들은 종말이 다가오고 있다며 온갖 삿된 짓을 하고 유언비어를 퍼트리며 세상을 어지럽히고 사회를 혼란스럽게 하므로 그들의 유언비어에 현혹되지 말아야 한다. 그들은 진실을 가장하여 접근하니 주의를 해야 한다.

이 3법은 시대에 따라 있는 것이 아니라 우리가 살아가는 삶 속에 있다.

깨닫기 위해 믿는 사람은 정법에 사는 사람이요, 바르게 믿는 사람은 상법에 사는 사람이요, 살기 위해 믿는 사람은 말법에 사는 사람이다.

바르게 사는 사람은 정법에 사는 사람이요, 바르게 살려고 노력하는 사람은 상법에 사는 사람이요, 바르게 살지 못하는 사람은 말법에 사는 사람이다.

자신은 바르게 살지 못하면서 세상이 말세라고 외치는 자들이 말세이다.

자신의 구원 없이 남을 구원할 수 없다. 먼저 자신을 구원해야 남을 구원할 수 있다.

자기 사랑이 아니라 이웃 사랑이다. 자비는 자신도 구원하고 이웃도 구원한다. 보살의 행은 나의 수행만으로는 부족하다. 나의 바른 행이 널리 퍼져 나도 구원하고 이웃도 구원하는 것이 보살이다. 나도 구원하고 이웃도 구원하는 것은 대승이요, 나만 구원하는 것은 소승이다. 깨달은 사람은 대승이요, 살기 위해 믿는 사람은 소승이다. 더불어 사는 사람이 대승이요, 자신만을 위해 사는 사람은 소승이다.

좁은 것은 소승이고,
넓은 것은 대승이고,
베푼 것은 대승이다.

불자들에게 진실을 보이고, 진리를 가르치고, 그것을 실천해야 대승이다.

"정의로운 사람만이 마음의 평화를 누린다."

외도는 불법 외의 다른 일을 하는 것만이 외도는 아니다. 수행하는 사람들은 분에 넘치는 생활을 하는 것도 외도요, 수행에 전념하지 못한 것도 외도요, 자신의 책임을 다 하지 못한 것도 외도요, 깨닫지 못한 것도 외도요, 불자로서의 소임을 다하지 못한 것도 외도이다.

종교인은 어느 계층보다 종교인의 올바른 자세가 있어야 한다. 종교는 물질을 요구하는 것이 아니라 정신을 요구하고 있다. 그렇기 때문에 종교인의 자세는 그들에게만 그치는 것이 아니라 바르지 못한 정신이 사회 보편화되어 그 사회는 병이 들어 파멸한다.

진리를 외면하고 외도를 하는 자들은 우월주의에 빠져 죄의식을 모르고 자신은 우월하다는 우월주의에 빠진 자들이다. 우월주의에 빠지면 자신은 물론 전체를 죽인다.

진솔한 믿음으로 대승의 길을 가면 사회도 대승의 길을 가고 다 같이 더불어 산다. 다 같이 사는 길은 자기 사랑이 아니라 이웃 사랑이다. 더불어 사는 길은 자비를 베풀고 사랑을 나누는 일이다.

신앙인은 사회에 소금의 역할을 해야 사회는 밝아진다.

용감한 사람은 자신의 일에 책임을 진다.

나에 대한 평가는 내 스스로를 어떻게 평가하느냐에 좌우된다. 가면을 쓰고 보느냐 벗고 보느냐, 진실이냐 위선이냐, 이것이 문제인 것이다.

진실은 가면을 쓰지 않고, 외도를 걷지 않고 사를 부리지 않는다. 위선자는 불평하고 외도를 걷고 사를 부리는 자들이다. 위선자들이여! 외도를 걷고 사를 부리며, 진리라 외치지마라. 진실이 울고 정의가 울고 진리가 파도를 친다.

불평하는 자들은 외도를 하고 사를 부리는 자들이다.

불평은 바르게 알지 못하고 바르게 행하지 못하는 어리석은 자들의 불평이다. 불평하는 자들은 공생하는 것이 아니라 다 같이 죽는다. 불평하는 자들이여! 상대를 탓하기 전에 자신의 소임을 다하고 있는지 다시 보아라. 다시 보면 불평은 없어진다.

불교에 완전히 귀의한 사람은 윤리에 잘 길들어진 사람으로서 깨달은 사람이요, 진리를 알려고 노력하는 사람은 바르게 믿는 사람이요, 위선으로 믿는 사람은 살기 위해 믿는 사람이다. 살기 위해 믿는 사람은 이웃 사랑은 없고 자기 사랑이다. 살기 위해 부와 명예 물질과 돈을 위해 거짓과 위선으로 믿는 가짜들이다.

건강을 잃은 것은 커다란 손실이고 자비심을 잃은 것은 가장 큰 손실이라고 했다. 자비심을 심어라 성불의 씨앗이다.

자비는 깨달음의 씨앗이다.

깨달은 사람은 아무 곳에도 걸림이 없어 그물에 걸리지 않는 바람처럼 자유자재하여 어디에서 무엇을 하든 어디에 있든 그 빛을 발산하고 소리가 퍼져 나도 구원하고 이웃도 구원한다.

"자비를 실천하라. 이웃을 사랑하라."

그것이 성불의 씨앗이 되어 성불할 수 있을 것이다.

예, 선생님. 잘 알았습니다.

깨닫는 사람은 자비를 실천하는 사람이요, 바르게 믿는 사람은 마음을 다스리기 위해 절에 다닙니다.

자신을 다스리는 훈련

잘 살기 위해서는 서로 질투하고 시샘하는 것이 아니라 서로를 존경하고 서로 나누어 가진다. 나누어 가지면 근심, 걱정, 괴로움은 사라진다.

부자가 되어 돈이 많은 사람이라 할지라도 근심, 걱정, 괴로움이 있으면 그는 잘 사는 사람이 아니다.

부자든 가난한 자든 근심, 걱정, 괴로움이 없고 즐거우면 몸도 건강하고 마음이 건강하여 행복하다.

불교를 믿는 것은 물질적으로도 잘 살고 정신적으로도 잘 살기 위해서다.

기도하고 법문을 듣고 자신의 마음을 다스리는 훈련을 받고 마음을 항복 받아 자신을 낮추고 자신의 허물이 무엇인지 알고 그 허물을 제거하여 고통에서 벗어나는 훈련을 받고 근심, 걱정, 괴로움에서 벗어난다.

자신을 사랑하는 훈련이요, 이웃을 사랑하는 훈련이요, 긍정적인 사고를 기르는 훈련이요, 나누어 가지는 훈련이요, 이웃과 더불어 사는 훈련이요, 교만하지 않고 겸손함을 배우는 훈련이요, 양심을 찾는 훈련이요, 마음을 다스리는 훈련이다.

마음의 욕심이라는 더러운 때를 다 씻어내는 훈련을 받고 깨끗한 마음을 찾는 훈련이다.

바르게 보는 것이고,
바르게 듣는 것이고,
바르게 사는 것이네.

불경을 읽고 법문을 듣고 진리를 따르는 일이다.

법과 윤리를 따라 악은 더러운 것이니 버리고, 선은 좋은 것이니 가지는 것이다.

처음 절에 다니는 사람들은 누구나 가족들의 행복과 번영, 그리고 소원이 다 이루어지기를 빌며, 절을 찾는다. 이것은 누구나 바라는 소원이요, 다 같은 생각이다.

이런 소박한 마음으로 믿음이 깊어질수록 번뇌의 원인이 되는 '나'라는 아집이 사라지고, 욕망이 사라지고, 자신의 본성을 찾아 다른 모습으로 태어난다. 불교는 마음 법을 깨닫기 위해 수행한다.

절에 가서 기도를 아무리 해도 소원을 다 이룰 수는 없다. 절에 갈 적마다 내 돈만 줄어든다. 그런데 왜 절에 가는가? 절에 가면 마음이 편안하다. 왜 마음이 편안한가? 절에 가서 진리의 법왕께 절을 하며 마음속으로 자신의 소원을 빌고 누구에게도 말할 수 없는 자신의 양심을 다 털어놓으니 마음이 탁 트이고 순간 환희를 느끼므로 마음이 편안하다.

우리는 절에 가서 대웅전, 관음전 등을 비롯해서 각 전당 앞이나 보시함에 돈을 넣는다. 이때 누가 보시함에 돈을 넣으라고 요구하는 사람은 없다. 부처님도 요구하지 않고 스님들도 요구하지 않는다. 모두 자기 스스로 돈을 놓고 돈을 넣는다.

그 마음속에는 소원을 비는 무언의 발원도 있고 자비의 씨앗이 자라나게 하는 마음도 있다. 자비의 씨앗은 근심, 걱정, 괴로움이 사라지고 마음이 편안해진다. 마음이 편안한 것은 참회하는 증거이다.

이 세상에 죄 없는 사람은 없고 근심, 걱정 없는 사람도 없다. "걱정 없는 인생을 바라지 말고 걱정에 물들이 않는 연습을 하라." 죄와 근심, 걱정, 괴로움은 사람마다 있으나 그 죄와 근심, 걱정, 괴로움을 다스리는 것이 믿음이다.

목욕탕에 가는 사람이 미리 때를 씻고 목욕탕에 가는 사람은 없다. 갈 때에는 때를 가지고 가서 올 때에는 때를 다 씻어내고 깨끗한 몸으로 돌아오듯이 믿음 역시 마음속의 더러운 번뇌의 때를 다 씻어내기 위해 절에 간다.

누구나 경험했듯이 절에 가서 법당을 찾아 법왕께 기도하고 스님들께 법문을 들을 때마다 마음이 조금씩 비워지고 불안하던 마음이 사라지고 편안해지는 것을 느꼈을 것이다.

느끼는 것은 참회하는 증거요, 자신의 불성을 찾는 증거이다.

성을 내고 욕망이 일어나고 집착을 버리지 못해 가슴이 답답해도 법왕께 기도하고 스님들께 법문을 듣고 다니다 보면 법문을 듣는 그 순간, 찰나만이라도 성냄이 사라지고 자비의 마음이 솟아나는 것을 느낀다. 이것이 참회하는 증거요, 믿음이 깊어 가는 증거이다.

믿음은 죽순과 같다.

죽순은 미완성된 대나무이므로 죽순으로는 아무 물건도 만들지 못하듯이 믿음 역시 처음 절에 다니는 사람들은 자신의 본성을 찾으라는 참뜻을 바로 알지 못하지만, 절을 자주 찾아 기도하고 스님들께 법문을 듣고 다니다 보면 자신의 본성을 찾으라는 참 뜻을 바로 알고 거짓으로 위장한 가면의 껍질을 양파껍질 벗기듯이 한 꺼풀 한 꺼풀씩 스스로 벗는다.

교만의 껍질을 벗고, 탐욕의 껍질을 벗고, 집착의 껍질을 벗고, 욕망의 껍질을 벗고, 아상의 껍질을 다 벗고, 자신의 본성을 찾아 어둠을 밝히는 태양처럼 마음이 밝아지고 불성이 나타난다.

마음은 태양의 빛처럼 밝고 깨끗하지만, 마음의 거울에 먼지가 되는 욕심이라는 먼지가 있으면 깨끗한 마음의 거울을 볼 수 없다. 마음의 때를 다 씻어내야 깨끗한 마음의 거울을 볼 수 있다.

이 가면은 누가 벗겨주는 것이 아니다.

죽순이 스스로 껍질을 벗고 대나무가 되듯이 자기 스스로 가면의 껍질을 벗는다.

자기 스스로 마음을 깨달아 법에 귀의하고 진리에 귀의하고 양심에 귀의하여 진리의 말씀으로 가득하여 마음이 항상 기쁘고 즐거우며 근심, 걱정, 괴로움이라는 번뇌의 고통에서 벗어나 허공처

럼 맑고 깨끗한 마음을 찾으니 이 기쁨은 어디에도 비교할 수 없
다. 다 버린 마음에 짐이 없으니 날아 갈 것 같고 진리와 내가 일체
감을 이루어 하나가 되니 기쁘고 마음에 걸림이 없으니 어디를 가
도 자유롭다.

불경도 읽고 스님들께 법문도 듣고 기도를 하고 다니다 보면 자
신도 모르는 사이에 자신의 불성을 찾아 자비를 베풀고 사랑을 나
누어 자비의 싹이 자라난다.

믿음은 콩나물과 같다.

콩나물은 물을 먹고 자라지만 물은 순간 흘러가 버린다. 콩나물
은 흘러간 물을 순간에 머금어 자라난다. 믿음 역시 아무리 초심
자라 할지라도 기도하고 불경을 읽고 법문을 듣고 다니다 보면 자
신도 모르는 사이에 법이라는 물이 스며들어 자비의 싹이 자라나
자비를 실천하여 자신도 구원하고 이웃도 구원한다.

진솔한 믿음은 진실로 위장한 가면을 벗는다.

안개가 아무리 자욱해도 태양이 뜨면 모두 사라지듯이 가면을
벗고 마음에 있는 욕심이라는 더러운 안개를 걷어내면 밝은 마음
이 나타난다. 수십 년 동안 절에 다녔더라도 양심을 찾지 못한 사
람들은 수행인이든 재가불자든 그 누가 되었던 모두 가짜다. 믿음
은 무엇을 달라고 요구하는 것이 아니라 자신의 마음을 다스리기
위해 믿는다. 자신을 다스리지 않고는 하심이 될 수 없고, 하심이
없이는 해탈할 수도 없고, 성불할 수도 없다.

예, 선생님. 잘 알았습니다.

믿음이 약하고 욕망으로 가득 차 있는 사람이라 할지라도 계속

해서 기도하고 수행하면 해탈하게 되는군요.
해탈의 자유를 얻기 위해 수행합니다.

해탈의 자유

불교는 번뇌 망상을 다 씻어내고 근심, 걱정, 괴로움에서 벗어
나는 것이 자유라고 했습니다. 수행인들은 마음의 속박에서 벗
어나기 위해 수행하고 우리는 자유롭게 살기를 원합니다.

자유는 해탈을 의미하고, 해탈은 마음을 비우는 것이고, 마음
을 비우면 자유를 얻는다. 자유롭게 살 것이냐 구속되어 살 것
이냐, 마음을 비우고 살 것이냐 가지고 살 것이냐, 그것은 오직
너의 선택이다.

인간은 삶이라는 것에 구속되어 마음을 비우지 못하고 자신도
모르는 사이에 물질에 의해 구속되고 속박을 받는다.

이른바 돈의 속박, 물질의 속박, 권력의 속박, 명예의 속박, 욕망
의 속박, 사랑의 속박 등에 사로 잡혀 그것에 노예가 되어 있다. 그
속박에서 벗어나는 것이 자유이다.

어리석은 사람들은 자기 마음대로 행동하는 것을 자유로 착각하
고 있다. 사람의 마음은 흔적이 없다 해서 자기 마음대로 쓴다. 자
기 마음을 자기 마음대로 쓴다 해서 탓하는 사람은 아무도 없지만,

그렇다고 해서 자기 마음대로 사는 것은 자유가 아니라 방종이다.

자유는 자기 마음대로 행동하는 것이 아니라 윤리의 바탕에서 이루어진다.

인간은 과거의 지나간 일에도 자유롭지 못하고, 현재에도 자유롭지 못하고, 돌아오는 미래에도 자유롭지 못하다.

과거를 지배하는 자가 미래를 지배하고,
미래를 지배하는 자가 현재를 지배하고,
현재를 지배하는 자가 미래를 지배한다.

인간은 과거를 버리지 못해 자유롭지 못하고, 현재는 이것저것 번뇌의 고통으로 자유롭지 못하고, 미래는 꿈과 희망, 욕망으로 자유롭지 못하다.

지난 일은 생각하지 마라. 지나간 일은 밝기가 거울과 같고 지나간 일은 현재를 심판하므로 좋은 것은 기억하고 나쁜 기억은 버려라. 과거를 버리지 못하면 자유는 요원하다.

자유는 마음의 자유를 얻어야 진정한 자유이다.

마음의 자유 없이 어떤 자유도 없다. 양심을 속이면 자유롭지 못하다. 자유는 마음을 다 비우고 해탈한 마음이다. 욕망과 집착이라는 괴로움이 있으면 자유가 아니라 구속이다. 마음을 비우면 자유롭다.

인간은 누구나 그 속박의 굴레에서 벗어나고 싶은 때가 있다. 마음속에 있는 괴로운 기억들을 벗어버리고 의식에서 벗어나 잠시, 혹은 하루만이라도 괴롭고 고달픈 고뇌를 벗어버리고 훨훨 공중에 날아가는 새처럼 자유롭게 어디른가 날아가고 싶은 생각, 오직 나만의 시간, 나만의 공간, 그 해방감에 빠져보고 싶을 때가 있다. 하지만 그것은 순간의 자유이므로 진정한 자유라 할 수 없다.

사람은 현실을 직시해야 한다. 현실을 직시한다면 그 자유는 환상이요 꿈이요, 현실도피이다. 자유는 현실을 직시하고 현실의 조화를 이룰 때 이루어진다.

자유는 가지는 것이 아니라 버리는 데서 이루어지고 윤리의 바탕에서 이루어진다. 진정한 자유는 윤리의 바탕으로 이루어지고 윤리를 어기는 것은 자유가 아니라 구속이다. 버리고 버리면 자유를 얻는다.

욕망을 버리니 자유롭고,
집착을 버리니 자유롭고,
아상을 버리니 자유롭네.

마음의 짐을 내려놓고, 과거의 짐을 내려놓아야 한다. 과거에 매어있으면 자유롭지 못하다. 가지기만 하고 버리지 않으면 자유는 요원하다.

탐욕은 탐욕을 부르고, 집착은 집착을 부르고, 번뇌는 번뇌를 부르고, 고통은 고통을 부르고, 괴로움은 괴로움을 부르고, 기쁨은 기쁨을 부르고, 슬픔은 슬픔을 부른다.

자유롭게 살기를 원하거든 자신을 괴롭히는 원인이 무엇인지 그것을 제거해야 한다. 다 제거하고 누에의 몸처럼 안팎이 다 깨끗할 때 자유롭다.

자유는 소중하다. 소중하기 때문에 목숨을 걸고 자유를 얻으려 한다. "자유가 아니면 죽음을 달라." 이 자유는 타인에 의해서 얻는 것이 아니다.

자신이 어디에 구속되어 있는지 다시 보고 자신을 괴롭히는 원인을 제거할 때 자유를 얻을 수 있다.

예, 선생님. 자유는 자기 마음대로 행하는 것이 아니라 윤리를 실천하고 질서를 지키고 마음의 근심, 걱정, 괴로움이 없는 마음이 자유입니다. 자유는 인류가 바라는 염원입니다.

자유는 해탈이요, 열반이요, 열반은 완성입니다.

열반과 죽음

> 불교에서는 깨달음을 열반(涅槃)이라고 하고, 또 죽음을 열반이라고 하는데 그 차이가 무엇입니까?

> 열반(涅槃)은 완성했다는 말이다. 번뇌의 속박에서 벗어난 해탈을 의미한다. 무위(無爲), 무작(無作)으로서 어떤 번뇌도 일어나지 않고 생사고해를 건너 해탈한 마음이다. 모든 번뇌의 속박에서 벗어나 해탈하고 진리를 깨달아 생사를 초월해 법을 체득한 경지가 열반이다. 누에의 몸처럼 안팎이 다 깨끗한 마음이 열반이므로 열반은 죽음이 아니라 깨달음의 완성이다.

열반의 완성으로 성불한다.

수행을 통해 마음의 때를 다 씻어내고 해탈하여 깨끗한 마음의 상태이다. 해탈한 마음은 자유자재하여 법에 걸림이 없고, 뜻에 걸림이 없고, 행에 걸림이 없고, 마음에 걸림이 없다. 어디서 무엇을 하든 어디를 가든 가는 곳마다 자유로우니 이것이 깨달음의 완성이다.

그런데 사람이 죽으면 열반했다고 말하고 있다. 과연 죽은 사람이 마음 법을 다 깨닫고 열반을 성취했다는 말인가?

그것은 아니다. 성취하고 열반을 이루는 것은 죽음이 아니라 해탈이다.

죽음은 깨달은 사람이나 깨닫지 못한 사람이나 누구나 죽어야 하니 그것이 열반은 아니다.

열반이란 말은 죽음으로서 업이 다 소멸해 없어졌다는 의미를 좀 비약시켜서 한 말에 지나지 않는다. 진정한 열반은 죽음이 아니라 깨달음의 완성이 열반이다.

죽음이 열반이라면 누구나 죽어야 하고 죽으면 누구나 깨달음을 얻어 열반을 성취했다는 말이니 이는 잘못된 말이다. 잘못인 줄 알면서도 열반이라 부르는 것은 재가불자들의 잘못이 아니라 열반하셨다고 외치는 자들의 잘못이다.

깨달음도 살아서 깨닫고 업도 살아서 소멸하는 것이니 죽음이 열반이라 하는 말은 그 본질을 훼손할 수 있으니 죽음을 열반이라고 부르지 마라.

깨달은 사람은 다 타버린 재처럼 번뇌가 일어나지 않는다. 번뇌를 버리고 해탈한 마음이 열반이다.

열반은 다 버리고 누에의 몸처럼 안팎이 다 투명하고 깨끗한 마음이 열반이니 몸도 마음도 누에의 몸처럼 다 비우고 해탈해야 열반을 성취한다.

탐욕도 버리고, 성냄도 버리고, 문자도 버리고, 지식도 버리고, 티 없이 깨끗하게 하여, 마음을 비우면 자유를 얻어 오는 것도 자유롭고 가는 것도 자유롭고 어디서 무엇을 하든 그물에 걸리지 않는 바람처럼 자유롭다.

자유로운 마음은 걸림이 없다. 문자에도 걸림이 없고, 지식에도 걸림이 없고, 가는 곳마다 소리가 퍼져 일체 중생을 구원한다.

　해탈한 마음은 자성이 없기 때문에 마음을 내는 일도 없고 마음을 그치는 일이 없어 청정하고, 청정하기 때문에 깨끗하고 깨끗하기 때문에 이를 깨달음의 완성이라 하는 것이니 열반을 이루는 것이 최상의 법이라 하는 것이다.

　이 열반을 성취하기 위해 수많은 조사들이 뼈를 깎는 고통과 아픔을 견디며 수행하는 것이므로 죽음을 열반이라 부르며 열반의 본질을 훼손하지 마라.

　예, 선생님. 잘 들었습니다.

　열반은 죽음이 아니라 깨달음의 완성이군요. 사람은 살기 위해 일을 하고 다양한 교육을 받으며 살아왔습니다. 이런 삶을 연극이라 합니다.

인생은 연극인가

❝사람은 다양한 교육을 받고 다양한 일을 하며 살아왔습니다.
사람은 울기도 하고 웃기도 하며 살아왔습니다. 어느 것 하나
도 버릴 것이 없습니다. 이런 삶을 사람들은 연극이라 합니다.❞

❝사람의 삶이 연극이라고 말하는 것이 슬픈 일일지는 몰라도 그
말이 무리는 아니다. 보기에 따라 생각하기에 따라 인생은 한
편의 드라마요, 연극이다. 사회라는 무대에서 재주를 부리며,
많이 가지려고 아귀다툼을 벌이는 것이 한편의 드라마요, 연극
이다. 살기 위해 아귀다툼을 벌이며 울고불고 소리를 지르고
외쳐대는 것이 연극대사요, 인생의 파란만장한 삶이 연출이요
각본이다.❞

인생이라는 연극은 생·노·병·사라는 4막으로 이루어진다. 1막
은 탄생(生)이요, 2막은 늙음(老)이요, 3막은 병듦(病)이요, 4막은 죽음
(死)이다.

우리의 삶을 뒤돌아보면 한편의 드라마요, 연극이다.

사람이 태어나 죽음에 이르기까지 길다면 길고 짧다면 짧은 인
생이지만, 그 삶은 무수한 흔적을 남긴다.

어떤 사람은 선한 모습을 어떤 사람은 악한 모습을, 어떤 사람
은 좋은 모습을 어떤 사람은 더러운 모습을 남기고 죽음으로서 삶

이라는 인생의 무대에서 조용히 사라진다.

인간의 삶은 거대한 무대 위에서 펼쳐지는 연극의 연속이다. 때로는 악마도 되고 천사도 되고, 주연이 되고 조연이 되어 자신의 삶에 도취되어 차차 다가올 저승길도 까맣게 잊은 채 연극에만 몰두하고 온갖 재주를 다 부리고 사는 것이 인생이다.

분을 바르고 화장을 하고 탈을 쓰고 광대가 되어 춤을 추며 울기도 하고 웃기도 하고 기묘한 재주를 다 부리는 연극배우처럼 살아간다. 인간의 삶은 연극의 연속으로 어느 무대에서 춤을 추어도 탓하는 사람은 아무도 없었다.

삶이라는 무대에서 정치·종교·사회 어느 무대에 서느냐에 따라서 주연이 되고 조연이 되어 춤을 추니 양심이 울고 마음이 파도를 친다.

우리는 지금까지 수많은 연극을 하며 살아왔다.

삶의 터전인 사회 속에서 연극하는 배우들처럼 가지각색의 삶을 연출하며 살았다.

어떤 사람은 자신에게 맞는 가면을 쓰고 능숙한 솜씨로 주연이 되어 화려한 무대를 펼치고 어떤 사람은 자신에게 맞지 않는 가면을 쓰고 어설픈 솜씨로 조연이 되어 주연의 뒤를 따라 춤을 추었다.

이런 틈바구니 속에서 사회는 빈익빈 부익부의 둘로 나누어 한쪽은 흥청망청 향락을 즐기고 다른 한 쪽은 코밑에 가로놓인 한 치의 입을 감당하지 못해 아귀다툼을 벌리며 살아왔다.

사회라는 무대에서 재주 많은 배우처럼 연기하고 춤을 추었다.

욕망을 채우기 위해 거리를 휩쓸고 고성방가를 외쳐도 그들을 탓하는 사람은 아무도 없었다. 그들은 모두 자신들이 우월하다고 외치며 큰 함성으로 소리쳤다.

이처럼 사람들은 살기 위해 진실로 포장한 위선의 가면을 쓰고 온갖 재주를 다 부리는 연극배우처럼 살아가지만 화려한 무대 뒤에는 수많은 고통이 있었다.

분장을 하기가 고통스럽고, 가면을 쓰기가 고통스럽고, 거짓 연기가 고통스럽고, 마음을 속이는 것이 고통스럽고, 양심이라는 벽을 넘지 못해 양심에 부대끼어 고통스럽고, 거짓 연기로 상대를 속이는 것이 고통스럽고, 사를 부리는 것이 고통스럽다.

하늘을 속일 수 없으니 고통이고,
진리를 속일 수 없으니 고통이고,
양심을 속일 수 없으니 고통이네.

사람의 삶에서 제일 큰 고통은 자신의 양심을 속이는 것이 가장 큰 고통이다.

내가 상대를 속일 수는 있지만, 자기 자신의 양심을 속이지 못해 마음이 괴롭고 고통스럽다.

어둠을 두려워하는 것은 아이들이고 밝음을 두려워하는 것은 양심이다. 양심을 속이면 상대의 눈을 바로 볼 수 없다. 도둑이 제 발 저리듯이 양심의 눈으로는 보지 못한다.

하늘을 속이지 못하고 진리를 속이지 못하고 양심을 속이지 못해 부처님 손바닥을 벗어나지 못하듯이 양심을 벗어나지 못해 고통스럽다.

나의 몸속에는 신이 보낸 양심이라는 사자가 있다. 양심의 사자를 속일 수 없니 양심대로 살아야 한다. 사는 것이 다 희비의 연극이다.

지금까지 쓰고 살던 가면을 벗으면 자유롭고, 새로워진다.

뱀이 묵은 허물을 벗고 새 옷으로 갈아입듯이 새로운 마음으로 사물을 보는 것이다. 부정적으로 보는 것이 아니라 긍정적으로 보고, 나의 입장에서 보는 것이 아니라 상대의 입장에서 보고, 배우의 입장이 아니라 관객의 입장에서 보아야 한다.

그리고 사리를 분별할 줄 알아야 한다. 사리를 거역하는 것이 역리(逆理)이고 사리를 어기는 것이 비리(非理)이고 사리에 맞는 것이 순리(順理)이다. 순리는 일정한 질서요, 변하지 않는 법칙이다.

순리를 거역하면 자신은 물론 집안을 망칠 수 있다.

사람은 스스로 자신을 다스릴 줄 알아야 한다.

몸과 마음을 깨끗하게 정화하여 추하고 더러운 것을 다 씻어내고 새로워져야 한다. 내가 새로워져야 상대가 새로워지고 세상이 새로워진다. 나는 새로워지지 않으면서 상대가 새로워지고 세상이 새로워지기를 바랄 수는 없다.

새로워지기 위해서는 과거를 참회하고 반성해야 한다.

지난 일을 돌이켜 보는 것을 반성(反省)이라 하고, 스스로 돌이켜 보는 것을 자성(自省)이라 하고, 생각해 보는 것을 성찰(省察)이라 하고, 인식을 통해 얻어진 것을 소지(小智)라 하고, 인식을 통하지 않고 얻어진 것을 대지(大智)라 하고, 지혜가 열려 얻어진 것을 진아(眞我)라고 한다.

참회하면 모든 근심, 걱정, 괴로움이 사라진다.

그대에게 소중한 것은 지나간 시간이 아니라 앞으로 다가오는 시간이다. 시간은 너를 위해 더디게 가지 않는다. 젊음을 되돌릴 수 없고 시간을 되돌릴 수 없다.

깨달음은 오랜 시간이 걸리지 않는다. 한 순간, 찰나에 깨닫는다.

한 순간, 찰나라도 마음을 비워보아라.

한 순간, 찰나라도 참회하면 괴로움의 고통에서 벗어나 영원히 행복할 것이다.

어리석은 사람은 과거에 집착하고 지혜로운 사람은 미래를 향하여 달린다. 과거는 닫힌 세상이요, 미래는 열린 세상이다.

신분·가문·학력·경력 등은 모두 과거의 산물이다.

지나간 슬픔에 눈물을 흘리지 말고, 과거를 슬퍼하지 마라.

과거에 매달려 사는 것은 생명 없는 삶이요, 영혼 없는 삶이다. 미래를 향하여 달리는 것은 희망의 삶이다.

미래는 항상 열려 있다.

과거의 꿈에서 깨어나 미래를 향하여 달려야 한다. 미래는 항상 그대를 기다리고 있다.

지나간 시간에 매달려 사는 것처럼 어리석은 사람은 없다. 구하라 얻을 것이요, 찾아라 찾을 것이요, 두드려라 열릴 것이라고 했다. 구하지도 않고 찾지도 않는 자에게는 그림의 떡이다.

현재를 직시하지 못하는 자는 과거의 꿈에서 깨어나지 못하는 어리석은 자요, 미래를 향하여 달리는 자는 성공하여 행복하고, 현재를 직시하지 못하는 자는 꿈도 없고 희망도 없고 미래도 없어 영원히 불행하리라.

시간은 흐르고 있다. 귀중한 시간을 헛되이 보내면 안 된다. 시간은 재산이요, 시간은 생명의 연장이다.

오늘은 둘이 아니오, 시간 시간은 보석이네.

오늘은 두 번 다시 오지 않고, 매분 매분이 값을 매
길 수 없는 보석이네.

인생은 내일 종말이 온다 해도 오늘 한 그루의 사과나무를 심는
다는 마음으로 희망을 가지고, 끝까지 최선을 다하면 살 길이 열
린다.

사람은 오늘보다 내일을 위해 사는 것이 희망이다. 포기하지 말
고, 희망을 가지고 살아야 한다. 인생은 패배했을 때 끝나는 것이
아니라 포기했을 때 끝난다. 포기는 자멸이다.

영원히 이룰 수 없는 것에 매달려 사는 것처럼 어리석음은 없
다. 미련을 버리지 못한 것처럼 어리석음은 없다.

과거를 버리고 희망을 가지고, 앞을 향하여 달려야 한다. 머무
는 자는 패배하고, 앞을 향하여 달리는 자는 희망의 문이 열린다.

사람의 삶이 연극이라 했으나 그 연극을 통해 진실을 찾기 위한
연극이다. 살기 위해 거짓과 위선으로 살아왔지만, 양심의 벽을
넘지 못해 진실로 위장한 가면을 벗기 위해 몸부림쳤다. 그리고
학문을 배우고 윤리를 지키며, 신을 섬기고 종교를 믿으면서 몸부
림쳤다.

이제 모든 가면을 벗고 양심을 찾아서 자유롭게 살아라.

상대의 입장에서 보고 들으면 용서할 수도 있고 이해할 수도 있
다. 자신의 입장이 아니라 자신의 가면을 벗는 것이 자신의 본성
을 찾는 가장 쉬운 지름길이다.

마음의 안개는 사라지고 마음이 밝아지니 오고 가는데 걸림이 없
고 가는 곳마다 자유롭다.

지금까지 불교를 통해 다양한 삶을 보았다.

인간은 태어나면서 이성이라는 불성을 가지고 태어났으나 인간이란 껍질을 뒤집어쓰고 태어나면서 이성을 잊어버리고 살고 있으므로 사람인 듯하면서도 동물이요, 동물인 듯하면서도 사람이다. 사람이기 때문에 동물의 습성을 버리려고 몸부림쳤다. 인간은 타고난 이성이라는 본능을 찾기 위해 몸부림치며 순리대로 살기를 원했다.

그래서 다양한 일을 하며 교육을 받고 학문을 배우고 윤리도덕을 지키며, 신을 섬기고 종교를 믿었다.

인간은 누구나 잘 살기를 원한다. 잘 사는 것은 돈이 아니라 윤리의 예절을 지키고 근심, 걱정, 괴로움 없는 건강하고 즐거운 삶이다.

부와 명예가 있어도 마음에 근심, 걱정, 괴로움이 있으면 그것은 잘 사는 것이 아니다.

부와 명예가 없어도 마음에 근심, 걱정, 괴로움 없이 건강하고 마음이 편안하고 즐거우면 잘 사는 사람이다.

잘 사는 길은 법왕의 가르침을 실천하는 일이다.

마음을 비우고 자비를 베풀어 자기 사랑이 아니라 이웃 사랑으로 더불어 사는 일이다.

법복을 입은 수행인들이 자비가 없으면 해탈도 아니요, 성불도 아니다. 재가불자들 역시 자비가 없으면 보살도 아니요, 성불도 아니므로 자기 사랑이 아니라 이웃을 사랑해야 한다.

예, 선생님. 지금까지 법문 잘 들었습니다.

인간의 삶을 여러 가지로 분류하여 살펴보면 잘 살고 못사는 것은 자신의 노력에 달려 있습니다.

운명은 고정된 것이 아니라 바뀌는 것이요, 인연은 자기 자신이 맺은 것이요, 악인과는 심은 대로 거두는 것이요, 악인은 윤리 밖에 사는 사람이요, 선인은 윤리 안에 사는 사람이요, 보통사람은 사랑의 조화를 잘 이루는 사람이요, 잘 사는 사람은 진리 안에 사는 사람입니다.

사람으로 태어나 교육을 받고 종교를 믿어 참 나를 찾는 길을 삶과 불교를 통해 살펴보면 윤리도덕의 완성과 성불은 다른 것이 아니라 하나의 진리입니다.

윤리의 완성이 성불이요, 성불이 윤리의 완성입니다.

양심이 불성이요, 양심대로 사는 것이 성불입니다.

이것이 영원불멸의 진리입니다. 이런 진리를 인식할 때 편견은 사라지고 사랑의 조화로 인간성이 회복될 것입니다.

불성을 찾기 위해 학문을 배우고 윤리를 배우고 뼈를 깎는 수행을 합니다. 불성을 찾아 실천하면 인간성이 회복되어 우리 사회는 다 같이 행복할 것입니다.

선생님 지금까지 인간의 삶과 불교를 통해 많은 것을 보았습니다.

인간은 전생의 인연으로 태어나 교육을 받기 위해 사람으로 태어난 것을 알았습니다.

사람의 삶이 동물의 범주속에 살고 있으나 그 범주를 벗어나기 위해 몸부림쳤습니다.

자신이 가지고 온 불성을 찾기 위해 학문을 배우고 윤리를 배우고 신을 섬기고 종교를 믿었습니다.

올 때에도 불성을 가지고 태어났으니 불성으로 살다가 갈 때에는 성불하여 불성을 가지고 가기 위해 몸부림쳤습니다.

어느 덧 가을이 되었다.

선생님께 법문을 듣고 다니는 동안 우리 집은 경사가 났다. 어머니가 그렇게도 기다리던 집사람이 잉태를 한 지 6개월이 되었다.

어머니 소원이 이루어지는 순간이다.

어머니는 손자를 본다는 생각에 기쁨을 감추지 못했고 집사람은 어머니가 된다는 생각에 잠을 설칠 때가 많았다. 나 역시 아버지가 된다는 생각에 집사람이 고맙기만하다.

선생님도 축하해 주었고 스님들은 부처님 은혜에 감사하라고 하였다.

어머니는 요즈음 절에 가는 팔걸음이 빨라졌다.

물론 법왕께 감사의 인사를 하기 위해서다. 날이 갈수록 집사람 몸이 달라지고 조금씩 임신한 자태를 보이기 시작했다. 참으로 경사가 아닐 수 없다.

집사람은 시어머니의 사랑을 한 몸에 받으면서도 마음속으로는 걱정이다. 손이 귀한 집안에 아들을 낳아주어야 하는데, 딸을 낳을까봐 걱정이라며 잠을 설칠 때가 많았다. 말은 안 해도 어머니의 기도를 알기 때문이다.

어머니는 마음속으로 아들을 낳아주기를 바라고 있다.

나 역시 아들을 낳아 어머니 소원을 풀어 주었으면 얼마나 좋을까 하는 생각이다.

임신을 못할 때는 아들딸 구분 없이 임신만 해주기를 바라다가 임신을 하고나니 아들을 바라고 있다. 사람의 욕망은 동물의 범주를 벗어나지 못하고 있으니 참으로 부끄러운 일입니다.

생명이 오는 것처럼 기쁜 일이 없고 생명이 가는 것처럼 슬픈 일이 없습니다.

지금까지는 생명이 태어나 살아가는 것을 보았습니다. 이제부터 생명이 가는 것을 설명해 주시기 바랍니다.

선생님, 생명은 전생의 인연으로 태어나고 이승의 인연 따라 가니 생명은 영원한 생명이라고 했습니다. 영원한 생명에 대해 자세히 설명해 주시기 바랍니다.

2부

영원한 생명

영원한 생명

  생명은 무명에서 왔다가 무명으로 가니 영원한 삶도 없고 영원한 죽음도 없다고 했습니다.

  모였다 흩어지고, 흩어졌다 모이는 것이 생명이다. 4대 물질이 모이고 5온이 모이는 것이 생명이요, 흩어지는 것이 죽음이다. 모이고 흩어지는 것이 윤회요 생명이니 생명은 영원하다고 하는 것이다.

생명이 모이고 흩어지는 것이 마치 바다의 물이 증발하여 없어지고 비를 내려 물이 모이는 것과 같다.

생명은 윤회라는 법칙에 따라 영혼세계로 가고 다시 태어나는 것을 반복한다.

물이 얼어 얼음이 되고 얼음이 녹아 물이 되는 것처럼 얼음이 물이요, 물이 얼음이다. 물이 얼어 얼음이 되면 물이 없어지고, 얼음이 녹아 물이 되면 얼음이 없어지듯 물은 변하지 않고 서로 모습만 바뀐다. 겉으로 보는 모습만 얼음으로 바뀌고 물로 바뀌듯이 물이 모여서 몸이 되고 물이 흩어지면 죽음이다.

한번 태어난 생명은 영원히 죽지 않고 영혼으로 바뀌고 생명으로 바뀌는 것이므로 생명을 영원한 생명이라 하고, 영원하기 때문에 생명은 죽지 않고 여기서 태어난 자는 여기서 죽고 여기서 죽은 자는 저 세상에 태어나고 저 세상에서 죽은 자는 다른 세상에 태어나는 것이 윤회이다.

　　　모였다 흩어지니 영원하고,
　　　흩어져 모여지니 영원하고,
　　　죽었다 태어나니 영원하네.

우리가 살고 있는 몸은 생명이 아니다. 몸은 생명이 살고 있는 집이다. 지·수·화·풍은 몸을 이루고 몸속에서 느끼고 생각하고 활동하고 의식하는 생명은 수·상·행·식으로 생명을 이루게 하는 원소들이다.

윤회의 차원에서 보면 사람이 죽으면 육체는 흙으로 돌아가고 혈과 수분은 물로 돌아가고, 따뜻한 기운은 태양으로 돌아가고 움직이는 힘은 바람으로 돌아가고, 육체 속에 살고 있던 생명은 죽지 않고 다음 생명으로 태어나기 위해 영혼세계로 돌아간다.

생명은 본래의 자리로 돌아간다. 몸은 흙에서 왔다가 흙으로 돌아가고, 혈(血)과 수분은 물에서 왔다가 물로 돌아가고, 따뜻한 기운은 태양에서 왔다가 태양으로 돌아가고, 움직이는 힘은 바람에서 왔다가 바람으로 돌아가고, 느끼고 생각하고 활동하는 의식은 다음 생명으로 태어나기 위해 육체를 버리고 영혼세계로 돌아간다.

이를 무명에서 왔다가 무명으로 돌아가니 영원한 삶도 없고 영원한 죽음도 없다고 한다.

우리는 한번 태어나 죽으면 영원히 사라지는 것으로 생각하고 자기 마음대로 행동하고 살며 죄의식을 모른다.

한번 태어난 생명은 죽지 않고 영원한 영생을 얻을 때까지 이 자궁에서 저 자궁으로 옮겨 다니며 태어나고 죽는 것이 윤회이다. 다시 태어나고 죽음이 없으려면 영원한 영생을 얻어야 태어나고 죽는 일이 없느니라.

예, 선생님. 모이는 것은 생명이요, 흩어지는 것은 죽음입니다. 태어나고 죽는 것이 물이 증발하고 비를 내리고 얼음이 되고 물이 되는 것과 같습니다.

나이 많은 노인들은 황혼의 열차를 타고 죽음을 기다리고 있습니다.

황혼의 열차

66 인생은 삶이라는 긴 여정을 마치고 황혼의 열차를 타고 저승사
자를 기다리고 있습니다. 황혼의 열차에 대해 설명해 주시기
바랍니다. 99

66 인생은 세월과 더불어 늙는 것이 아니라 이상을 잃을 때 늙는
다. 세상의 흐름에 따라 피부는 주름살이 늘고, 세상에 흥미를
잃지 않으면 마음의 주름살은 생겨나지 않는다. 남자는 마음으
로 늙고 여자는 얼굴로 늙는다. 누구나 나이 먹기를 싫어하고
죽기를 싫어한다. 99

세월 따라 나이를 먹어 늙는 것은 피할 수 없는 자연의 순리지
만, 이상을 잃고 흥미를 잃은 것은 육체의 늙음이 아니라 마음을
늙게 하니 이상을 가지고 흥미를 잃지 마라. 일을 하며 마음속으
로 인생을 즐기면 마음의 주름살이 생기는 일은 없으리라.

인간의 삶은 자연의 춘하추동의 4계절과 같다.

많은 생물이 봄에 싹이 트고, 여름에 무성하게 자라고, 가을에
단풍으로 물들어 나뭇잎은 낙엽이 되어 하나둘씩 땅에 떨어져 흙
으로 돌아가고, 잎이 떨어진 나무 가지는 옷을 벗고 차가운 바람을

맞는다.

인간의 삶도 이와 같아서 젊음의 화려했던 지난 날은 어디로 가고 어느새 검은머리가 백발이 되어 황혼의 열차를 타고 저승사자를 기다리는 신세가 되었으니 아~아 꿈이요, 무상이로다. 길고도 짧은 인생의 저승길을 재촉하니 누가 이 길을 막을 것인가?

나의 인생 알고 보면 꿈만 같은데 어이하여 이제 와서 깨닫는가? 나의 인생 잠깐인 것 같은데 어느 덧 세월에 못 이겨 늙어 몸이 따르지 않으니 슬프고 슬프다.

황혼의 열차를 타고 저승사자를 기다리는 승객들은 입은 게을러서 수저를 드는 것이 느리고, 몸은 바위 덩어리처럼 천근만근이 되어 움직이려 들지 않고, 생각 생각이 옛 생각이요 마음뿐이다. 오고가는 것이 자연의 순리가 아닌가? 그 누가 그 길을 막을 것인가? 자연의 순리를 거역할 수도 없고 비껴갈 수도 없다.

마음을 닦아라. 마음을 비워라. 그대는 극락왕생하
여 오는 일도 없고 가는 일도 없으리라.

씨앗이 땅에 떨어져 싹이 트고 꽃이 피어 열매를 맺더니 어느덧 씨앗으로 돌아가는 것이 자연의 순리가 아닌가? 어느 누가 순리를 거역할 것인가? 한번 오면 한번 가는 것이 자연의 순리이다.

우리 인간도 처음으로 돌아가되 육체는 흙으로 돌아가고 영혼은 영혼세계로 돌아간다. 그 길을 가기 위해 황혼의 열차를 타고 저승사자를 기다리고 있으니 모두가 꿈과 같은 무상이다.

죽음의 길을 비껴갈 수 없을 바에는 몸도 마음도 누에의 몸처럼 깨끗하게 다 비우고 자비를 베풀어라.

누에는 누에의 씨앗으로부터 태어나 먹고 잠자고 하기를 거듭하여 마침내 마지막 잠을 자고 누에는 황혼을 맞이하여 몸은 황갈색으로 변하고, 그 동안에 먹어서 저장했던 물질은 배설을 통해 똥과 오줌으로 다 버리고 맑고 투명한 몸이 되었을 때 집을 짓는다. 황혼을 맞아 집을 짓기 전 모든 물질은 다 버리고 은은하게 맑고 투명한 몸을 드러낸다. 이것이 누에의 참 모습이다.

누에는 이러한 맑고 깨끗한 몸으로 집을 짓고 집이 완성되면 자신의 몸을 번데기로 변화시켜 겨울잠에 들어가 잠을 자고 봄을 준비한다.

그 집은 육체와 영혼을 아낌없이 다 바쳐 육체와 영혼을 자기 스스로 깨끗하게 정화한 몸으로 지은 집이다.

봄이 되어 뽕잎이 피면 누에 번데기의 성충은 나방으로 변하여 누에씨앗을 탄생시키고 거룩한 생명은 죽음으로서 생명을 마치고 죽은 육체는 흙으로 돌아가니 누에씨앗은 다시 누에로 진화하여 영원한 생명을 이어간다.

누에는 죽음 앞에서까지도 몸을 스스로 깨끗하게 정화하여 마지막 남은 생명을 다 바쳐 거룩한 희생으로 생명의 씨앗을 탄생하고 마침내 죽어 흙으로 돌아가니 이 얼마나 성스럽고 거룩한 행인가.

이 모습이 누에의 참 모습이니 누에의 거룩한 모습을 보아라.

황혼의 열차를 타신 승객 여러분! 몸도 마음도 누에처럼 맑고 투명하게 가꾸어야 합니다.

누에의 거룩한 행을 기억하고 몸도 마음도 깨끗하게 정화하여 극락의 집을 지어야 한다. 극락의 집은 마음을 비우지 않고서는 이루어질 수 없다.

그런데 우리 인간은 어떠한가?

몸은 똥과 오줌, 피고름으로 가득 차 병이 들어 입원을 하고 몸에 상처를 내며 수술을 하고 죽음의 군턱을 넘나들면서도 버리지 못하고 있다.

죽어 염라대왕에게 살려달라고 빌 것이 아니라 업을 짓지 말고, 업이 있거든 참회하고 업을 소멸해야 한다.

이제 다 내려놓아야 한다.

가슴속에 있는 근심, 걱정, 괴로움의 집착을 내려놓고, 욕망도 내려놓고, 성냄도 내려놓아야 한다.

무소유는 극락의 지름길이다. 아무리 가져도 결국에는 다 버리고 가는 것이니 다 버리고 누에처럼 몸도 마음도 깨끗할 때 극락왕생하여 영원한 영생을 누리리라.

예, 선생님. 사람은 한번 태어나면 한번은 죽는 것이 순리로서 황혼의 열차를 타고 죽음을 기다리고 있습니다.

죽음은 멀고도 가까운 것이 저승입니다.

멀고도 가까운 저승길

66 사람이 죽는 것은 아침이슬과 같다고 했습니다. 멀고도 가까운
저승길을 설명해 주시기 바랍니다. 99

66 인간은 전생의 인연으로 태어나고 죽어 이승의 인연을 따라 가
니 업이 없으면 오는 일도 없고 가는 일도 없다. 인생은 초대하
지 않았지만 어느 날 저 세상으로부터 왔고, 인생은 허락하지
않았지만 어느 날 이 세상으로부터 떠나간다. 태어날 때는 순
서가 있으나 죽을 때는 순서가 없다. 젊은이도 늙은이도 죽음
에는 순서가 없다. 99

어디로 가는가? 저승으로 간다.
왜 가는가? 다시 태어나기 위해 간다.
무얼 가지고 가는가? 불성을 가지고 간다.

올 때에도 불성을 가지고 왔고 갈 때에도 불성을 가지고 가는
것이 해탈이다.
생명이 태어나는 것은 떠오르는 태양과 같고 죽음은 서산에 지
는 해처럼 어둠속으로 사라진다.

인생이 어디로부터 왔고 어디로 가는지도 모르면서 오늘의 삶에 급급하여 현실의 삶에 빠져 생경을 갉아먹는 시간 속에 살아간다.

내 몸에 있는 생명도 시간 속에 살고 죽어 내 몸을 떠난 영혼도 시간 속에 살고 있으니 내 몸에 있는 생명이나 내 몸을 떠난 영혼 모두 시간 속에 살아가는 생명이다.

시간 속에 사는 생명인 데도 그것을 알지 못한다.

자신의 죽음을 알지 못하므로 죽는 날까지도 애착을 버리지 못하고 가지려고만 하니 그것이 업이 되어 생사(生死)에 떠돈다.

법왕이 제자들에게 죽음에 대해 물었다.

"인명(人命)은 얼마나 되느냐?"

"며칠 사이에 있습니다."

"너는 아직 도를 알지 못했다."

"밥 먹는 사이에 있습니다."

"너도 아직 도를 알지 못했다."

"숨 한 번 쉬는 사이에 있습니다."

부처님께서 칭찬하셨다.

"선재, 선재다. 너야말로 도를 아는구나."

이승과 저승의 사이는 숨 한 번 쉬는 사이에 있다.

태어날 때는 숨을 안으로 들여마시고 죽을 때는 숨을 밖으로 내쉰다. 숨을 들여마시는 것은 삶이요, 숨을 밖으로 내쉬는 것은 죽음이다.

우리는 아침에 만난 노인을 보면 "간밤에 안녕하셨습니까?" 하고 인사를 한다.

이것은 무엇을 의미하는가?

나이든 노인은 밤사이에 영원히 안녕할 수도 있다는 뜻이다. 간밤에 눈을 감고 숨을 쉬지 않으면 그것은 오늘의 저승이요, 다시는 돌아올 수 없는 황천길이다. 밤사이에 어제의 생명이 오늘은 저승이다. 어제는 권력자였고 부자였는데, 오늘은 아무 말도 못하는 싸늘한 시체이다.

생과 죽음의 차이는 숨 한 번 쉬는 사이에 있다. 숨 한 번 사이에 생명이 죽음으로 바뀐다.

사람들은 밖으로 나간 숨이 안으로 들여 마시지 못함으로서 죽는다. 숨은 생명을 이어주는 생명줄로서 누구나 가장 쉽게 할 수 있는 숨을 쉬지 못해 죽는다.

숨은 누구나 쉽게 쉴 수 있다. 누어서도 쉬고 앉아서도 쉬고 걸을 때도 쉬고 잠잘 때도 쉬고 밥 먹을 때도 쉬고 어린아이도 쉬고 늙은이도 쉬고 병이 들어도 쉬고 대변 볼 때도 쉬고 아무나 쉽게 할 수 있는 숨을 쉬지 못해 죽는다.

원력을 가진 큰 보살이라 할지라도 내가 먹어 남의 배를 채워줄 수 없듯이 큰 보살이라 할지라도 숨을 대신 들여마실 수 없고 대신 죽을 수도 없다. 대신 죽을 수도 없고 대신 살아줄 수도 없으니 사는 것도 자신의 삶이요, 죽는 것도 자신의 죽음이다.

저승길을 갈 때 고통을 받을 것인가? 자는 잠에 갈 것인가? 죽음의 복은 3대로 복을 지어야 자는 잠에 죽는다는데, 나는 선하게 살았는가, 악하게 살았는가? 눈을 감고 생각하니 지난 삶이 꿈이로다.

내가 죽으면 어디로 갈까? 죽은 다음 나는 무엇을 느끼고 알 수 있을까?

인간은 이 세상에 울음소리와 함께 태어나서 울음소리와 함께 죽어 저승세계로 돌아간다.

황혼의 열차에 몸을 실은 승객들은 누구나 죽을 때에 소리 소문 없이 고요하게 죽는 것이 소원이지만, 이것은 이승에 살면서 복을 많이 지은 사람들이 받는 것이다. 죽음은 공포의 대상으로 모두들 죽음을 두려워하고 조금이라도 편안하게 죽기를 원한다. 하지만 그것은 자비를 베풀어야만 가능하다.

극락은 어디에 있는가?

지옥은 어디에 있는가?

이 몸은 어디로 가는가?

사람이 나이가 들수록 죽음에 대하여 자주 생각해 보게 된다. 자기가 죽은 후의 가족에 대하여 생각해 보기도 하고 자신의 죽음 을 생각해 보기도 하지만, 역시 문제는 자신의 죽음이다.

이야기에서 들은 것처럼 죽을 때가 되면 저승사자들이 문턱을 넘나들며 가자고 하는가? 저승사자는 있는가? 만약 있다면 동화 속에 나오는 모습처럼 무섭고 소름끼치는 으스스한 모습일까?

〈회심곡(回心曲)〉에 나오는 말처럼 쇠사슬로 동여매고 고문하며 어서 가자 빨리 가자 재촉할 것인가? 죽은 사람을 심판하는 염라 대왕은 있을까? 심판의 기준은 무엇으로 할까? 선과 악으로 할까? 권력과 부귀로 할까? 내가 살아온 업으로 할까? 나는 극락에 갈까? 지옥에 갈까? 아니면 영원한 무의식의 세계로 돌아가 영혼이 연기 처럼 사라지고 육체는 흙으로 돌아가고 이 세상에서 영원히 사라 지는 것일까?

황혼의 열차에 몸을 실은 승객들의 마음속에 소리 없이 흐르는 두려움이다.

인간의 목숨은 예측할 수 없다.

언제 어느 때 죽을지 아는 사람은 아무도 없다.

살아있는 것들은 죽지 않을 수 없고 그들에게는 언제나 죽음이 기다리고 있다.

하늘에 날아가는 새도 죽음이 있고 땅에 다니는 동물도 죽음이 있고 죽음 없는 생명은 없다.

젊은이도 늙은이도, 현명한 이도 어리석은 이도, 부자도 가난한 이도 죽음을 거부할 수 없고 구원할 수도 없다.

아버지도 구할 수 없고 어머니도 구할 수 없고, 남편도 구할 수 없고 아내도 구할 수 없고, 자식도 구할 수 없고 친척도 구할 수 없고, 이웃도 구할 수 없고 친구도 구할 수 없고 죽음을 대신할 수 없다.

그들이 지켜보는 앞에서 죽음의 다리를 건너 하나씩 하나씩 사라진다.

개똥밭에 굴러도 이승이 저승보다 낫다는데, 나의 죽음이 다가오고 있다. 죽음이 다가오는 데도 그것을 잡을 수도 없고 비껴갈 수도 없고 거부할 수도 없다.

대개 사람들은 죽음이 다가오면 용서를 빌고 눈물을 흘린다. 새는 마지막 죽음의 소리가 제일 슬프고 애절한 소리로 숨을 멈춘다고 했다.

사람은 마지막 죽음이 다가오면 지난 잘못을 뉘우치고 양심의 소리로 용서해 달라고 빈다. 마지막 죽음에 이르러 양심을 드러내고 지난 일을 후회하고 잘못을 반성하고 진실을 드러내고 참회한다.

나이가 점점 들수록 생각해 보는 저승세계는 과연 어디에 있는가? 저 넓고 넓은 허공에 극락이 있고 지옥이 있는가? 죽음이 다가올수록 마음이 하염없이 흘러간다.

세월 따라 흐르고,
추억 따라 흐르고,
마음 따라 흐르네.

생명이 오고가는 것은 영혼세계의 질서요, 생명이 살아가는 것은 자연계의 질서이다. 이 순환의 법칙을 어느 누구도 거역할 수 없다. 오는 것도 거역할 수 없고 가는 것도 거역할 수 없다.

오는 것은 기쁨이고 가는 것은 슬픔이다.

이 슬픔의 저승길을 보내는 사람도 떠나는 사람도 슬픔으로 가는 황천길 한 번 가면 다시 돌아올 수 없는 머나먼 길이기에 꽃상여를 부여잡고 통곡하고 슬피 울며 마지막 가는 길을 울면서 보낸다.

"어하루룽차 어허야 어하루룽차 어허야 이제 가면 언제 오나 나를 두고 어이 가오."

저승 노래를 부르고 그 노래가락에 한을 실어 저승가마인 꽃상여에 몸을 실어 북망산천으로 브내는 통곡의 소리로 너도 울고 나도 울고 슬픔을 실어 보내는 그 길이 황천길이다.

이 황천길은 영원히 가는 길이 아니라 새 생명의 시작이다. 새 생명을 얻기 위해 지금까지 입고 살던 육체의 옷을 버리고 극락세계에 가면 다시 태어나는 일도 없고 죽는 일도 없다.

영원한 생명을 얻으려고 사람으로 태어났으니 영원한 영생을 얻으려면 살아있을 때 보시하고 자비를 베풀고 사랑을 나누어라.

영원한 생명을 얻고 영원한 행복을 얻기 위해서는 자기 사랑이 아니라 이웃을 사랑하라.

인생이 왔다가 사라지는 것이 하룻밤 꿈과 같다.

지난 밤 꿈속에서 있던 것이 꿈을 깬 뒤에는 아무것도 없듯이 숨 한 번 쉬는 사이에 생명이 꺼져간다.

물거품과 같고 흘러간 물과 같고 안개와 같고 아지랑이와 같고 아침이슬과 같다.

이 무상하고 허무한 것을 사람들은 영원한 것으로 생각한다. 영원한 것으로 생각하기 때문에 가지려고만 하고 버릴 줄 모른다. 가지기만 하고 버릴 줄 모르므로 업을 짓고 버리면 업이 소멸된다.

하루라도 만나보지 않고서는 사는 맛이 없는 정으로 맺었던 님들을 버리고, 사랑하는 아내를 버리고, 남편을 버리고, 아들을 버리고 딸을 버리고, 이웃도 버리고, 친구도 버리고, 부귀도 버리고, 권력도 버리고, 금은보석도 다 버리고 빈 몸으로 떠나가니 내 것은 아무것도 없다.

죽음으로써 내가 떠난 뒤에는 아무것도 없다. 권력도 없고, 부귀도 없고, 사랑도 없고, 탐욕도 없고, 성냄도 없고, 선악도 없다. 단 한 벌의 염복을 몸에 두르고 새끼줄에 동여매어 빈손으로 왔다가 빈손으로 떠나가니 인생사 모두가 꿈이요, 무상이다.

인생사 모두가 허무한 꿈이다.

있는 것은 없어지고 부자는 가난해지고 권력이 없어지고 건강한 몸이 병들고 사랑하는 사람이 떠나가고 어느 덧 세월은 유유히 흘러 검은머리가 백발이 되어 갈 길을 재촉하니 가슴속에 간직했던 꿈은 사라지고 인생사 모두가 꿈과 같은 무상이다.

아~아 인간의 생명이여! 백년도 못 채우고 죽는데, 비록 백년을 넘게 산다 해도 늙고 병들어 죽고야 마는데, 이것은 내 것이다 저것은 내 것이다 하며 집착하는 것은 허두한 일이요, 부질없는 일이다.

황금으로 집을 짓고 백옥으로 집안을 장식했다하더라도 내가 떠난 뒤에는 아무것도 없다. 좋은 것도 버리고 나쁜 것도 버리고 다 버리고 떠나간다.

"내 것이라고 여겼던 주인이 죽음으로서 물건의 주인이 없으니 내 것은 아무것도 없다. 내 것이 아닐 바에는 모두 버리고 참회하라. 죽기 전에 참회하라. 지금까지 지어온 죄업이 소멸되어 죽어 저승세계에 갈 때 극락왕생 하느니라."

사람이 몸을 잃지 않고 살아있는 생명은 지금이라도 마음만 먹으면 참회할 수 있는 데도 마음을 내지 못한다.

오늘의 참회를 내일로 미루지 말고 한 순간, 찰나도 참회하면 재세를 보장받을 수 있다.

참회는 극락의 지름길이요. 죄업은 지옥이다. 극락의 길은 죽어서 이루는 것이 아니라 살아서 이루는 것이다.

내일은 언제나 있지만, 한번 흘러간 물에 발을 씻을 수 없듯이 흘러간 세월을 잡을 수 없다.

지나간 시간을 되돌릴 수 없고 어제를 되돌릴 수 없고 늙음이 젊어질 수 없고, 세월은 유유히 흘러 내 생명을 갉아먹고 있다. 영원하다고 믿었던 내 생명이 줄어들고 있다.

시간은 나를 위해 더디 가지 않는다. 그래서 젊음을 자랑하지 말고, 늙음을 후회하지 말며 한 순간, 찰나라도 참회하라.

그렇게 하면 그대는 극락의 길을 가고 영원한 안식을 얻는다.

한번 생명은 영원하므로 죽음, 그것은 죽지 않고 육체만 버린다.

내가 살고 있던 육체라는 껍질을 벗고 다시 태어나기 위해 죽음으로서 육체를 버린 것이니 죽음을 슬퍼하거나 가엾이 여기지 마라.

죽어 좋은 곳에 가려거든 마음을 비우고 자비를 베풀어야 내세를 보장 받을 수 있다.

자기 사랑이 아니라 이웃을 사랑해야 극락왕생한다.

사람은 몸이라는 육체를 빌려 의지하고 살면서 해탈하여 고통의 세계를 벗어나기 위해 학문을 배우고 윤리를 배우고 신을 섬기고 종교를 믿었다.

사람의 생명이 육체를 빌려 살고 있던 나의 생명이 얼마나 성불했느냐가 문제이다.

나의 생명이 해탈하여 극락세계에 가지 못하고 육체라는 껍질을 다시 뒤집어쓰고 태어나고 죽어 다시 태어나면 그것이 윤회요, 윤회는 고통이다.

사람의 탈을 쓰고 살면서 해탈하지 못한 영혼은 태어나고 죽음으로서 윤회를 하느니라.

예, 선생님. 사람이 죽고 사는 것은 숨 한 번 쉬는 사이에 있습니다. 사람은 올 때에도 빈손으로 오고 갈 때에도 빈손으로 간다고 했습니다.

공수래 공수거

사람은 태어날 때도 빈손으로 태어나고 죽어서도 빈손으로 간다고 했습니다. 무엇을 가지고 가야 합니까? 자세히 말씀해 주시기 바랍니다.

사람은 전생의 인연 따라 빈손으로 왔고 갈 때에도 이승의 인연 따라 빈손으로 간다. 올 때게도 울면서 태어나고 갈 때에도 울면서 간다. 올 때에도 빈손으로 오고 갈 때에도 빈손으로 가지만, 갈 때에는 이승에 살면서 지은 업을 따라간다. 갈 때에도 빈손으로 가려거든 업을 짓지 마라. 업이 있거든 업을 소멸하라.

집착하는 것은 업을 짓는 것이고, 버리는 것은 업을 소멸하는 것이다. 업이 없으면 몸도 가볍고 마음도 가벼워 이승에 살든 죽어 저승세계를 가든 자유롭다.

태어날 때도 빈 손으로 태어나고 갈 때에도 빈 손으로 떠나가니 이를 공수래(空手來) 공수거(空手去)라고 한다.

중동의 이란에 사는 어떤 큰 부자가 죽음을 맞이하여 임종이 가까이 다가오자 자식들에게 유언을 하였다.

내가 죽어 관에 넣을 때 양손을 관 밖으로 내놓아 달라고 유언을 하였다.

자식들은 아버지의 유언에 따라 황금관에 구멍을 내어 양손을 관 밖으로 내놓고 관을 덮고 장례를 치르기 위해 아버지의 관을 메고 장례식장으로 갔다.

부잣집 주인이 죽었으니 조문객이 수없이 모였다.

조문객들은 놀랐다. 부잣집 장례식이라 관은 황금관이었다. 황금관에 구멍을 내고 양손이 관 밖으로 나와 있었다. 조문객들은 생전 처음 보는 광경에 서로 그 뜻이 무엇이냐고 물었으나 그 뜻을 아는 사람은 아무도 없었다.

자식들도 아버지에게 그 뜻이 무엇인지 물어보지 못했다.

장례를 치르고 며칠 후 고인의 장자가 그 뜻을 알고 형제들을 모아 놓고 아버지의 거룩한 지혜를 말하였다.

아버지가 양손을 관 밖으로 내놓으라고 한 것은 부자든 가난하든 죽어 저승세계로 갈 때에는 모두 빈손으로 간다는 것을 만천하에 알리기 위한 아버지의 지혜를 설명하고 아버지의 유언에 따라 형제들에게 재산을 고루 분배하고 일부를 가난한 사람들을 위해 사회에 헌납하고 아버지의 거룩한 지혜의 유언을 실천하니 사회는 큰 감명을 받았다.

그 부자는 우리 사회에 귀감이 되었다.

아무리 돈이 많은 부자라 할지라도 죽어 저승세계로 갈 때에는 빈손으로 간다는 교훈을 남겼다.

장자는 아버지의 지혜로 많은 재산을 형제들에게 고루 분배하는 지혜를 얻었다.

세상에서 가장 공평한 것은 태어남이 공평하고 죽음이 공평하다. 올 때에도 빈손으로 오니 공평하고 갈 때에도 빈손으로 가니 공평하다.

이처럼 공평하고 평범한 진리를 알지 못하고 영원히 살 것처럼 더 많은 물질을 가지려고 아귀다툼을 벌리고 있으니 그것이 업이 되어 내세를 보장받지 못한다.

부자든 가난한 자든 죽음으로서 다 버리고 가는 것을 왜 모르는가? 다 버려야 한다. 영원한 것은 아무것도 없다.

한번 태어나면 한번은 죽어야 하고 한번 만나면 한 번은 헤어져야 한다. 이 세상에 태어난 생명은 어느 것이든 죽어야 하고 한번 만나면 한번은 헤어지는 것이니 죽음으로서 헤어졌다고 하여 슬퍼하지 마라.

"좋은 곳에 가려거든 업을 짓지 마라."

업을 지으므로 오고가는 것이니 업이 없으면 오는 일도 없고 가는 일도 없다.

이를 오는 사람 막지 말고 가는 사람 잡지 말라고 했다.

오고가는 것을 막지 못한다. 더욱 저승세계로 가는 사람을 아무도 잡지 못하고 언제 어느 때 가려는지 아는 사람은 아무도 없다.

염라대왕의 생명록을 아는 사람은 아무도 없다.

이승에서 맺은 인연을 헤어졌다고 하여 슬퍼하지 마라.

전생에서 지은 빚과 이승에서 지은 빚을 다 갚아 주어야 좋은 곳에 간다. 좋은 곳에 가려거든 마음을 비우고 자비를 베풀어야 좋은 곳에 갈 것이니 죽음을 슬퍼하지 마라.

내가 이 세상에 살고 있는 자체가 빚이다.

그 이유는 나는 전생의 업에 의해 태어났고 갈 때에도 이승의 업을 따라가기 때문이다.

사람은 누구나 자신의 주위에는 빚을 받으러 온 사람이 있고 빚을 갚으러 온 사람이 있다.

어떤 사람은 남편에게 어떤 사람은 아내에게 어떤 사람은 부모에게 어떤 사람은 자식에게 어떤 사람은 형제에게 어떤 사람은 친척에게 어떤 사람은 이웃에게 어떤 사람은 친구에게 자신의 주위에 있는 사람들에게 빚을 받으러 온 사람이 있고 빚을 갚으러 온 사람이 있다.

가족이나 가까운 사람 중에 몸이 아파서 병원신세를 지고 있는 사람은 자신의 업에 따라 고통 받는 것이요, 병을 간병하는 사람은 전생 빚을 갚는 사람이다.

우리가 살아가는 인연 속에는 서로 빚을 지고 있다.

전생 빚도 있고 이승의 빚도 있고 마음의 빚도 있다.

전생 빚이 없는 사람은 현재 좋은 환경에서 행복하게 잘 살고 전생 빚이 많은 사람은 전생 빚을 갚느라고 불행한 환경에서 고통 받으며 사는 사람이다.

죄업은 전생이든 이승이든 차별이 없다.

차별이 없으므로 비켜갈 수도 없다. 비켜갈 수 없으므로 이승의 죄업은 내세에서 고통의 원인이 된다.

전생이든 이승이든 빚이 많은 사람은 이승에 살면서 근심, 걱정, 괴로움으로 불행하고 빚이 없는 사람은 살아서는 행복이요, 죽어서는 극락왕생한다.

이 세상에서 빚 없는 사람 없고 죄 없는 사람도 없다.

남편 없는 과부가 간음을 했다 하여 교인들이 그 여인에게 돌을 던져 죽이려 했다.

그들은 예수님께 그 여인을 심판해 달라고 요구하며 강요했다. 이때 예수님께서 "너희가 하나님께 맹세코 죄 없는 사람이 있거든 저 여인에게 돌을 던져라." 하니 아무도 돌을 던지는 사람이 없었다.

조용히 눈을 감고 자기 자신을 뒤돌아보면 참회해야 할 것도 많고 갚아야 할 빚이 많아 양심에 눌려 일어서지도 못할 것이니 그대는 마음의 죄를 참회하고 해탈하여 극락왕생하면 태어나는 일도 없고 죽는 일도 없다.

악업의 빚을 갚아라.
구업의 빚을 갚아라.
마음의 빚을 갚아라.

이승에서 빚을 갚는 길은 자비를 베풀어 보시하는 일이다. 모든 것을 양보하고 이해하며 나누어 가지는 일이다.

이승에서 모은 재산과 권력으로 보시하는 마음으로 사는 사람들은 그 공덕으로 죽어 좋은 곳에 태어나지만, 베풀지도 않고 자신만을 위해 사는 사람은 나쁜 곳에 태어난다. 이승에서는 무거운 짐을 남편이 지고 아내가 지고 아들딸이 대신 질 수도 있지만, 저승에서는 나의 짐을 대신 지는 사람은 아무도 없다. 오직 내 짐은 내가 져야 한다.

저승에서는 속임수가 통하지 않고 거짓이 통하지 않고 한 치의

오차도 없다. 다 버리고 가벼운 마음으로 갈 때 내세를 보장받을
수 있다.

죽어 다시 사람으로 태어나고 좋은 환경에 태어나 극락에 가려
거든 다 버리고 가벼운 마음으로 갈 때 다시 사람으로 태어난다.

이승에서 집착하는 것은 악업을 받아 지금보다 더 불행한 환경
에 태어나 내세에서도 고통 받는다.

참회하다가 죽어라.
베풀다가 죽어라.
사랑하다가 죽어라.

탐욕도 벗어 놓고 성냄도 벗어 놓고 지금까지 살아온 더러운 악
업을 다 버리고 참회하라. 크든 작든 악업을 버리고 가야 다시 태
어나고 죽는 일도 없을 것이다.

태어나고 죽는 것이 윤회요, 윤회는 고통이다. 고통의 세계를
벗어나려면 마음의 빚을 갚고 가야 극락왕생할 수 있느니라.

예, 선생님. 빈손으로 왔다가 빈손으로 가는 것 잘 알았습니다.
사람은 죽어서 육도의 길을 따라 윤회를 합니다. 육도의 길은 누
가 만든 것입니까?

육도의 길

❝ 불교에서는 죽어 영혼세겨 로 갈 때 육도(六道)의 길을 간다고 했습니다. 육도의 길은 어떤 것이고, 누가 가는 것입니까? 자세히 설명해 주시기 바랍니다.❞

❝ 불교의 내세관은 육도 윤회이다. 사람이 죽으면 육체는 버리고 영혼만 영혼세계로 돌아간다. 영혼세계로 돌아간 영혼은 48일 동안 중음(中陰)세계에 머물면서 조사를 받고 49일이 되는 날 심판을 받아 여섯 길 중 한 곳에 태어난다. 지옥(地獄)·축생(畜生)·아귀(餓鬼)·아수라(阿修羅)·인간(人間)·천상(天上) 등이다. 육도의 길은 누가 만든 것이 아니라 자신의 마음으로 만든 길이라 하여 심중육도(心中六道)라 하기도 한다.❞

육도는 살아있는 사람의 마음으로 만든 길이다.

괴롭고 고통스러운 것이 지옥이요, 사람으로 태어나 사람구실을 못하고 동물처럼 사는 것이 축생이요, 탐욕하고 집착을 버리지 못하고 사는 것이 아귀요, 윤리도덕을 버리고 천방지축 안하무인으로 사는 것이 아수라요, 사람답게 사는 것이 인간이요, 선을 버리고 악하게 사는 것이 지옥이요, 선하게 사는 것이 천상이다.

악한 마음은 지옥의 길을 가고, 선한 마음은 극락의 길을 가고, 축생의 마음은 축생의 길을 가고, 탐욕의 마음은 아귀의 길을 가고, 난폭한 마음은 아수라의 길을 가고, 사람답게 살면 사람의 길을 가고, 자비의 마음은 천상의 길을 간다. 좋은 길을 가고, 나쁜 길을 가는 것이 모두 자신이 만든 길이다. 행복하게 살려거든 복을 많이 지어야 좋은 길을 가고, 좋은 곳에 태어난다.

우리가 살면서 자신의 업으로 만들어낸 업의 길이다.

자비를 베풀고 선행을 많이 하여 선업의 공덕이 많이 쌓이면 극락의 길을 가고, 악업이 많이 쌓이면 지옥의 길을 가고, 사람답게 살면 다시 사람으로 태어나고, 짐승 같이 살면 짐승으로 태어나는 것이 자신의 마음으로 만들어낸 길이니 업을 없애야 태어나는 일도 없고 죽는 일도 없고 오는 일도 없고 가는 일도 없다.

예, 선생님. 육도는 죽어서 만드는 길이 아니라 이승에 살면서 자신의 마음으로 만든 길이군요. 업이 들어 육도의 길을 따라 죽고 태어나는 것이 윤회입니다.

윤회의 순례

❝ 불교에서는 사람이 죽으면 죽은 영혼이 육도의 길을 따라 윤회 (輪廻)를 한다고 했습니다. 이 윤회를 부정하는 사람과 긍정하는 사람으로 양분되어 있습니다. 무엇으로 확인하고 알 수 있는지 자세히 설명해 주시기 바랍니다. ❞

❝ 윤회는 동그라미와 같이 끝기 없다. 한번 태어난 생명은 죽지 않고 다람쥐 쳇바퀴 돌듯이 이승에서 태어나 죽어 저승세계로 가고 저승세계에서 다시 태어나기 위해 이승으로 오고가는 것이 윤회이다. 이 세상에서 태어난 자는 여기서 죽고, 여기서 죽는 자는 저 세상에서 태어나고, 저 세상에서 태어난 자는 저 세상에서 죽고, 저 세상에서 죽은 자는 다시 다른 세상에 태어나기 위해 오고가는 것이 윤회요, 죽고 태어나고 반복하는 것이 윤회이다. ❞

지·수·화·풍과 색·수·상·행·식이 모이는 것은 생명이요 흩어지는 것은 죽음이다. 모였다 흩어지고 흩어졌다 모이는 것이 윤회이다.

이 육도윤회를 부정하는 사람과 긍정하는 사람으로 양분되어 있다. 극락과 지옥 역시 긍정과 부정이다.

그 이유는 사람이 죽어 영혼세계에 가서 살다가 다시 이승으로 돌아와서 사는 사람이 없으므로 그 증거를 확인할 길이 없다. 확인할 길이 없으므로 그곳이 좋은 곳인지 나쁜 곳인지 아는 사람은 아무도 없다.

죽어 영혼세계로 떠난 사람은 그 길이 얼마나 멀기에 한번간 님은 소식이 없다. 할아버지도 소식이 없고, 할머니도 소식이 없고, 이웃 사람도 소식이 없고, 친구도 소식이 없다.

윤회는 영혼의 행위이다.

영혼의 행위이기 때문에 눈으로 보고 확인할 길은 없다. 확인할 길이 없다 해서 부정하는 것은 잘못이다.

사람은 산소에 의해 살고 있지만 그것은 눈에 보이지 않는다. 눈에 보이지 않다 해서 없다고 할 수 없듯이 극락·지옥·영혼 역시 눈에 보이지 않는다 해서 없다고 할 수 없다.

“선은 극락이요, 악은 지옥이다.”

이것은 죽은 영혼의 행위가 아니라 살아있는 사람들이 인지해야 할 평범한 진리이다. 이것을 진리라고 인식한다면 윤회가 있든 없든 윤회의 본질은 선이므로 윤회는 큰 의미가 없다.

선인선과 악인악과, 인과응보, 자업자득이라는 진리이다.

진솔한 마음으로 자비를 베풀고 보시하는 마음으로 살면 살아서는 행복이요, 죽어서는 극락이라는 평범한 진리로서 이승의 삶을 선하게 살아야 살아서는 행복이요, 죽어서는 극락이다. 이것을 바로 알면 ‘극락이다’ ‘천당이다’ ‘윤회다’ 하는 것은 아무 의미가 없다.

이 세상에서 삶을 영위하는 모든 생명은 윤회를 한다.

윤회 없는 생명은 없고 윤회 없는 삶도 없다.

윤회란 한 마디로 내 삶의 행위 그 자체로 단절되는 것이 아니라 삶의 연속이요, 시간 속의 생명이다. 시간 속의 생명이기 때문에 생명은 영원하다고 한다. 영원하기 때문에 극락에 가면 극락의 생명이요, 지옥에 가면 지옥의 생명이요, 사람으로 태어나면 사람의 생명이요, 축생으로 태어나면 축생의 생명이요, 미물로 태어나면 미물의 생명이다.

우리는 영원한 생명이면서도 오고가는 것을 알지 못한다. 눈으로 볼 수도 없고 음성을 들을 수도 없고 대화를 할 수도 없다. 알 수 없다고 해서 부정하는 것은 잘못이다.

살아있는 생명이 죽으니 영혼이고, 영혼이 다시 태어나니 이를 영원한 생명이라 하고 윤회라 한다. 윤회를 요약하면 다음과 같다.

왜 죽는가? 태어났기 때문이다.

왜 태어났는가? 전생의 업이 있기 때문이다.

왜 전생의 업이 있는가? 집착했기 때문이다.

왜 집착했는가? 사랑했기 때문이다.

왜 사랑했는가? 보고 듣고 알기 때문이다.

생명이 오고가는 것은 전생(前生)을 인연하여 생(生)이 있고, 생을 인연하여 노(老)가 있고, 노를 인연하여 병(病)이 있고, 병을 인연하여 사(死)가 있고, 사를 인연하여 육도(六道)가 있고, 육도를 인연하여 윤회(輪廻)를 한다.

지나친 욕망과 집착, 어리석음의 번뇌를 버리면 업이 일어나지 않고 업이 일어나지 않으니 나고 죽는 육도 윤회를 벗어난다.

사람이 오고가는 것은 인연 따라 오고 인연 따라간다.

누가 "여보게 어디서 와서 어디로 가는가?" 라고 묻거든 "나는 전생의 인연 따라왔다가 이승의 인연 따라갑니다." 하고 말하라.

이것을 알면 악업을 짓지 않는다. 악업을 많이 지은 사람은 나쁜 곳으로 가고, 선업을 많이 지은 사람은 좋은 곳으로 가지만, 업이 없으면 오는 일도 없고 가는 일도 없고 죽는 일도 없고 태어나는 일도 없으므로 업을 소멸하라 하느니라.

이승에서 사는 것은 내 마음대로 살지만, 갈 때에는 내 마음대로 가지 못하는 것이 영혼세계의 질서이다. 오는 것은 전생의 업으로 오고, 가는 것은 이승의 업을 따라가기 때문이다.

이승에서 지은 업에 따라 다른 모습으로 바뀌어 태어날 수도 있다. 사람으로 살다가 죽어 다시 사람으로 태어나는 것이 아니라 사람의 생명이 개, 돼지의 껍질을 뒤집어쓰고 태어날 수도 있다. 생명은 자기가 태어나려고 태어난 것이 아니라 이승에서 지은 업을 받아 태어난다.

선을 많이 베풀면 선의 공덕을 받아 좋은 곳에 태어나고 악을 많이 저지르면 악의 대가를 받아 나쁜 곳에 태어난다. 자신이 지은 업의 결과에 따라 태어난 것이니 선업을 많이 지어 좋은 곳에 태어나야 한다.

윤회는 전생의 업이든 이승의 업이든 자기 자신이 지은 업에 따라 이루어지는 것이므로 전생에서 복을 많이 지은 사람은 이승에서 행복하게 살고 이승에서 복을 많이 지은 사람은 내세에서 좋은 곳에 태어나며, 전생에서 복을 짓지 못한 사람들은 이승에서 고생하며 살고 이승에서 복을 짓지 못한 사람은 내세에서 지금보다 더 나쁜 곳에 태어날 것이니 복을 많이 지어야 한다.

영혼의 질서나 이승의 질서나 모두 인과이다.

지금 이승에서 가난하게 살면서도 복을 많이 지은 사람들은 내세에서는 지금보다 더 좋은 환경에 태어나 행복하게 살 것이요,

지금 이승에서 잘 살면서도 복을 짓지 못한 사람들은 내세에서는 지금보다 더 나쁜 환경에 태어나 불행하게 사는 것이 영혼세계의 질서이다.

사람이든 축생이든 자신이 지은 업에 따라 사람이 개, 돼지 같은 축생으로 태어날 수도 있고, 축생이 사람으로 태어날 수도 있다.

그러나 한번 축생으로 태어나면 동물의 본능을 버리지 못해 사람으로 태어나기는 극히 어려운 일이다. 다시 사람으로 태어나려면 수억 겁을 지나야 하고 수많은 공덕을 지어야 사람으로 태어난다.

죽어 좋은 곳에 태어나려면 지금 잘 살아야 한다.

지금 착하고 정직하게 사는 것은 현재의 즐거움이요, 다음 생의 준비이기도 하다. 지금 착하고 정직하게 보시하는 마음으로 사는 것은 미래의 행복을 준비하는 것이오, 지금 악하고 모질게 사는 것은 미래의 불행이다.

그것은 과거·현재·미래의 삼세(三世)가 따로따로 있는 것이 아니라 하나의 고리로 연결되어 있기 때문이다. 연결되어 있으므로 속일 수도 없고 비껴갈 수도 없다. 그래서 이승에서의 삶 그대로가 저승 세계 심판의 기준이 된다.

죽어서 염라대왕에게 살려 달라고 애원할 것이 아니라 이승에 살아있을 때 복을 많이 지으면 저승에서는 귀한 대접을 받는다.

진리를 더럽히지 말고 자비를 베풀고 보시하면 내세에 좋은 곳에 태어나지만, 욕망과 집착으로 마음에 오염이 가득 차 있으면 무지의 저 어둠 속으로 빨려 들어가 지옥의 길을 간다.

예, 선생님. 잘 알았습니다.

육도윤회는 신앙의 차이겠습니다. 신앙이 깊은 사람은 믿고 신앙이 얕은 사람은 믿지 않겠습니다. 신앙이 깊은 사람은 윤회를 믿으므로 자신의 업을 소멸하려고 노력할 것이요, 신앙이 얕은 사람은 업을 믿지 않으므로 업을 소홀히 하겠습니다.

윤회를 믿지 않는 사람은 업을 소멸할 줄 모르고 반성할 줄도 모르고 참회할 줄도 모르므로 불행입니다.

바르고 정직하게 사는 것은 윤회를 멈추는 길이므로 선의 완성은 윤회를 멈추고 선의 미완성은 윤회를 합니다.

윤회의 원리는 윤리의 완성이므로 윤리를 실천해야 하겠습니다. 사람들은 윤회와 전생에 대해 의심하고 있습니다. 전생은 있습니까? 있다면 무엇으로 알 수 있습니까?

전생은 있는가

사람은 전생의 업에 의해 태어난다고 했습니다. 전생이 있습니까? 만약 있다면 무엇으로 확인할 수 있는지 자세히 설명해 주시기 바랍니다.

'전생은 있는가?' 이런 의문을 누구나 한번쯤은 생각해 본다. 사람은 누구나 전생을 알지 못하지만, 자신의 전생을 알려거든 현재 자신의 모습을 보아라. 그 모습이 전생 모습이다. 지금 부유하게 사는 사람은 전생에서도 부유하게 살던 사람이요, 지금 가난하게 사는 사람은 전생에서도 가난하게 살던 사람이다.

지금 좋은 환경에서 잘 사는 사람들은 전생에서도 복을 많이 지은 사람이고, 지금 불행한 환경에서 고생하고 사는 사람들은 전생에서도 복을 짓지 못하고 불행하게 살던 사람들이다.

전생에서 복을 많이 지어 편안하게 살던 사람은 여기서도 편안하게 살고 전생에서 복을 짓지 못한 사람은 여기서도 고생하며 산다. 여기서 선을 베풀고 살면 저 세상에서 편안하게 살고 여기서 악하게 살면 저 세상에서 고생하고 사는 것이 영혼세계의 질서이다.

저 세상에서 고통의 세계를 벗어나려면 여기서 자비를 베풀고 선하게 살아야 저 세상에서 편안하게 사는 것이 인과이다.

　우리가 살아가는 생활 속에는 신비한 일들이 일어나고 있다. 이런 경험을 흔히들 해본다.
　우연히 만난 사람인 데도 어디선가 만났던 것 같은 느낌이 들면 '어디서 보았을까?' '어디서 만났을까?' 하고 기억을 더듬어 보고 생각에 잠길 때가 있다.
　우리는 여행을 하면서 먼 곳이건 가까운 곳이건 외국이건 국내이건 처음 가보는 곳인 데도 착각에 빠질 때가 있다.
　그 산세와 주위의 환경 그곳의 분위기가 내가 살던 느낌이 들고 전혀 서먹함이 없이 금방 편안한 마음으로 누울 수 있는 분위기를 종종 겪을 때가 있다. 맨 처음 가보는 곳인 데도 조금도 어설프지 않고 내가 살든 곳처럼 느껴진다.
　이것이 우연일까? 전생의 잠재의식일까? 이것은 우연이 아니라 전생의 잠재의식이 살아난 전생의 기억이다.
　이런 불가사의한 경우를 우리는 모두 우연이라 돌린다.
　이것은 우연히 아니라 전생의 잠재의식이 마음 깊이 묻어 있다 나온 전생의 기억이다.
　사람이 태어나면 전생의 기억은 순간 깨끗이 지워지고 소멸된다. 그렇지 않으면 전생과 현재의 사이에 질서가 없어 혼란이 있기 때문이다.
　그러나 한번 혼(魂)에 깊이 새겨진 기억은 그렇게 쉽게 간단히 지워지지 않는다. 지워지지 않기 때문에 전생의 기억들이 나타나 꿈인 듯 아닌 듯 기억으로 나타난 현실이다.
　우리는 꿈을 꾸고 난 후 길몽(吉夢)이면 기분이 좋고, 악몽(惡夢)이면 기분이 우울하다.

이 꿈은 자기 육체 속에 살고 있는 영혼의 예시이다.

꿈을 통해 앞으로 일어날 일을 예시해 줌으로써 교통사고처럼 불의의 사고가 일어날 수 있으니 조심하라는 메시지를 미리 알려서 자신이 살고 있는 육체의 집을 보호하려는 것이 영혼의 예시이다.

우리가 평상시에 꾸는 꿈은 너무나도 생생한 꿈들이 적지 않다. 꿈을 통하여 앞날의 일을 보여주는 영혼의 예시가 분명하다. 그대들이 살아오면서 경험했듯이 꿈이 현실처럼 적중할 때도 적지 않다.

우리는 전생과 내생을 모르고 있지만, 인(因)·연(緣)·업(業)·과(果)는 분명하므로 자비를 실천해야 한다. 여기서 자비를 베풀면 저 세상에서 행복하게 사느니라.

예, 선생님 말씀을 듣고 보니 우리 주위에는 불가사의한 일들이 적지 않습니다. 그것이 전생의 잠재의식 속에 묻어있다 나온 전생의 기억입니다.

환생의 기쁨

　　사람이 죽으면 다시 사람으로 환생하는 경우도 있다고 했습니다. 그것이 사실인가요?

　　죽은 사람의 영혼이 다시 사람으로 태어난 것을 환생이라고 한다. 사람으로 다시 태어나려면 이승에 살면서 복을 많이 지어야 하고, 복을 짓지 못하면 비록 사람의 생명이라 할지라도 축생으로 태어난다.

　　티베트 불교는 환생한 사람들이 대를 이어 티베트 불교를 이끄는 지도자가 된다고 한다. 정말 신비함이 아닐 수 없다. 현재 정신적 지주인 달라이라마 14세도 과거에 돌아가신 달라이라마가 환생한 분이다.

　　그는 어린 시절 티베트 불교의 14세 달라이라마로 등극하여 존경받으며 티베트 국민과 불교의 정신적 지도자로서 비폭력운동으로 티베트 독립을 위해 그는 22세의 나이로 중국 모택동 주석을 만나기도 했다.

그 이후 달라이라마는 인도로 망명하여 티베트 망명정부를 세워 티베트 독립을 위해 비폭력운동으로 투쟁하고 있다. 그는 비폭력운동으로 세계평화의 공로를 인정받아 노벨 평화상을 받기도 했다.

티베트 불교는 15세 달라이라마를 미리 정해두고 있다. 1994년 당시 5세된 간둔니마라는 소년을 차기 라마 15세로 지명 발표했다. 5세의 나이에 차기 라마 15세로 지명하게 된 이유는 이미 오래 전에 고인이 된 판첸라마라는 스님의 영혼이 간둔니마라는 5세의 소년으로 환생한 것이 확인되었기 때문이다.

당시 티베트 불교의 달라이라마를 비롯해서 원로들이 12번의 공회(公會)를 열어 확인한 결과 판첸라마가 환생한 것이 확인되었다. 티베트 불교는 나이 17세가 되어야 달라이라마가 된다고 한다. 그는 17세가 되면 티베트 달라이라마로 등극하기로 되어 있었다.

이 소년을 차기 라마로 지명한 직후 중국 정부는 그 소년과 가족들을 납치하여 중국으로 압송하여 감금하고 있다.

달라이라마는 그 소년을 구출하려고 구명운동을 하였으나 지금까지 구원하지 못하고 인도에 있는 티베트 망명정부는 그 소년이 살아 있다는 것만 확인하고 있다.

그 이후 중국 정부에서도 판첸라마가 환생하여 간둔니마라는 소년임을 확인하고 발표하였다. 이처럼 환생은 분명한 것이므로 의심하지 마라.

예, 선생님 말씀을 듣고 보니 신비롭습니다.

더욱이 티베트는 환생한 사람들이 불교의 지도자가 된다고 하니 그 신비함이 더 합니다.

극락과 지옥

❝ 사람이 죽어 다시 태어나지 않으려면 극락에 가야 영원한 영생을 얻는다고 했습니다. 극락에 가는 생명은 영생을 얻고 극락에 가지 않는 생명은 어디로 가는지 자세히 설명해 주시기 바랍니다. ❞

❝ 극락(極樂)은 천당(天堂)으로 부르기도 한다. 극락은 하늘나라로 묘사되며 괴로움이 없고 즐거움만이 있는 곳으로 전해오고 있다. 극락은 즐거운 곳이고 지옥은 괴로운 곳이라 알고 있다. ❞

절에 가면 극락전(極樂殿), 미타전(彌陀殿), 무량수전(無量壽殿) 등 갖가지 이름의 전당이 있고 그곳에는 극락세계의 3대 성현인 아미타불과 관세음보살, 대세지보살이 모셔져 있으며, 그 뒤에는 극락세계에 대한 아름다운 그림들이 장엄하게 모셔져 있다.

극락은 아미타불의 정토 연화장세계라 부르기도 한다.

《아미타경》에 보면 극락세계는 아미타불이 상주하시는 곳으로서 서방으로부터 십만억 겁의 불국정토를 지나서 있다고 하였다. 이곳에 태어난 사람은 영원한 생명을 얻어 태어나는 일도 없고 죽는 일도 없는 불생불멸이라 하였다.

극락세계는 공기가 향기롭고 음식을 먹지 아니해도 배가 고프
지 않고 춥지도 않고 덥지도 않고 진귀한 보석으로 장식된 궁전이
있고 궁전 주위에는 가지각색의 꽃이 핀 숲이 있고 호수가 있고, 호
수 주위에는 오색의 무지개가 서려 있어 어디를 가든 은은한 향기
에 젖어 음악을 듣고 세월이 아무리 흘러도 늙지도 않고 죽지도 않
으며 영원한 영생을 누리는 곳이므로 슬픔과 괴로움이 없는 곳이
라 하였다. 그러면 이곳은 어떤 사람들이 갈까? 이곳에 태어나는
사람은 이승에서 복을 많이 지은 사람만이 갈 수 있다고 하였다.
깨끗한 마음으로 빚을 다 갚고 죽은 사람들이 가는 곳이다.

지옥(地獄)은 뇌옥(牢獄), 나락(奈落)으로 부르기도 한다.
지옥은 지하 세계로 묘사되며 춥고 어두워서 살기에 고통스러
운 곳으로 전해지고 있다.
지옥은 팔한지옥(八寒地獄)·괄열지옥(八熱地獄)이 있고, 그 주위에
는 16종의 지옥이 있고, 전체적으로는 128지옥이 있다고 하였다.
이상은 《구사론(俱舍論)》에 근거한 지옥의 종류이다. 지옥마다 수없
는 고통이 있다고 하였으니 이승에서 복을 많이 지은 사람은 극락
에 가서 행복할 것이요, 복을 짓지 못한 사람은 지옥에 가서 불행
할 것이니 살아 생전에 복을 많이 지어야 지옥을 벗어날 수 있을
것이다.

불교에서는 사람이 죽으면 선악으로 구분하여 심판을 받고 영혼
의 업보에 따라 지옥과 극락을 정하고 조로아스 교회에서는 사람

이 죽으면 틴반트 다리 앞에서 생전의 선악으로 심판을 받고 착한 사람이 건널 때는 다리가 늘어나서 쉽게 건널 수 있고, 악인이 건널 때는 다리가 오므라들어 쉽게 건널 수 없고, 불과 빛이 없는 춥고 어두운 지옥으로 떨어지고, 고대 이집트에서는 죽은 사람이 온갖 시련을 치르면서 지하의 나라를 지나가고 명부(冥府)의 신 오시리스의 심판에서 영혼의 무게를 저울에 달아 보아 악인으로 판정되면 그 영혼은 사나운 짐승의 먹이가 되어 고통을 받는다고 하였으니 사람은 죽는 것이 고통인 것이다.

경에 보면 "서방 극락정토가 십만 억겁의 불국정토를 지나서 있다."고 했다.

극락이 십만 억겁이란 말은 먼 거리를 말하는 것이 아니라 마음의 선악이다. 마음을 다 비우면 극락이요, 마음을 비우지 못하면 지옥이다. 즉 자신의 마음이 선이냐 악이냐, 긍정이냐 부정이냐이에 따라서 결정된다.

선의 완성은 극락이요, 선의 미완성은 지옥이다.

선악은 마음으로 만든다. 선을 행하면 그것이 바로 극락이요, 악을 행하면 그것이 바로 지옥이다. 극락과 지옥은 선과 악이다. 경허 스님은 이를 다음과 같이 말하였다.

경허 스님이 제자와 함께 길을 가다가 4거리에서 개구리를 파는 소년을 만났다.

경허 스님과 제자는 그곳에서 잠시 쉬게 되었다.

소년은 개구리 뒷발에 끈으로 묶어 개구리는 뛰기만 하지 가지는 못하였다.

제자는 개구리가 가엽다는 생각에 소년에게 개구리를 사서 연못에 놓아 주었다.

스승과 제자는 다시 길을 가면서 제자가 스승에게 이제 개구리가 연못에서 "자유롭게 살겠지요." 하고 은근히 자랑하며 말하였다.

스승은 "너는 앞으로 지옥에 가겠구나." 하고 말하였다.

제자는 "왜 내가 지옥에 갑니까?" 하고 반문하였다.

스승은 "너는 개구리를 사서 연못에 놓아 주었다는 생각을 버리지 못해 지옥에 간다."고 하였다.

스승의 말처럼 아무리 좋은 일을 하였을지라도 마음에 담고 있으면 그것은 집착이다. 개구리를 사서 방생을 했다는 생각까지 다 놓아버려야 참 방생이요, 참 보시인 것이다.

부처가 마음속에 있고 극락이 마음속에 있는 것을 스스로 깨달으면 극락이 가까이 있고 그것을 깨닫지 못하면 십만 억겁의 거리보다 더 먼 거리에 있다.

마음을 비우고 집착을 버리면 그것이 곧 극락이요, 집착하는 것은 지옥이니 집착하지 마라. 집착은 영원히 극락에 가지 못하므로 이것을 십만 억겁이라 하는 것이니 집착하지 마라. 마음을 비우면 극락이다.

버리니 극락이고,
베푸니 극락이고,
자비니 극락이네.

극락과 지옥은 부처님을 믿고 하나님을 믿고 교리를 믿고 주력을 외운다 해서 극락에 가는 것이 아니라 자신의 행위에 따라 극락이 있고, 지옥이 있는 것이다.

스베덴보리는 천사에게 영혼세계를 자유롭게 오가며 여행하는 특권을 받았다. 육체는 여기 있고 영혼의 여행이다. 여행을 할 때는 천사가 안내해 주었다. 그는 천사의 안내에 따라 천국을 여행하였다. 천국에서 자신이 알고 있던 과학자를 만났고 미지의 세계에서 살다온 사람들도 만났다.

천사에게 물었다.

"미지의 세계에서 살다온 저들은 신앙생활도 하지 않고 문자도 모르는 사람들일 것입니다. 무슨 일을 하고 살다왔기에 천국에 왔습니까?"

천사가 말했다.

"지옥과 천국은 신앙인뿐만 아니라 신앙생활을 하지 않고 미지의 세계에서 무지로 살든 사람들도 자기 사랑이 아니라 이웃 사랑은 천국에 올 수 있다."

그는 천사의 안내에 따라 지옥을 여행하였다.

그는 놀랐다. 자신이 평상시에 존경했든 목사와 신부를 만났다. 그는 놀라며 "저들이 왜 이곳에 왔느냐?"고 물었다.

천사가 말했다.

"저들은 이승에 살면서 자기 사랑을 위해 살고 이웃 사랑은 하지 않았으므로 이곳에 왔다. 그들은 믿음을 가장하여 성직자가 되어서도 자신의 부와 명예를 위해 살고 이웃을 사랑하지 않아 지옥에 왔다."

그는 "그것을 어떻게 다 알 수 있느냐?"고 물었다.

천사가 말했다.

"신이 보낸 양심이라는 사자가 마음의 정체를 감시하고 기록하기 때문에 양심을 속일 수 없어 마음의 정체가 거울처럼 백일하에 들어나므로 마음은 속여도 양심을 속일 수 없어 지옥에 왔다."

신이 보낸 양심이라는 사자를 속일 수 없으므로 목사와 신부는 지옥에 가고 과학자와 미지의 세계어 살든 사람은 자기 사랑이 아이라 이웃 사랑으로 천국에 왔다.

이승에서 보면 목사와 신부는 부와 명예를 가지고 화려하게 살든 사람이요, 미지의 세계에서 살던 사람은 부도 없고 명예도 없고 문자도 모르는 사람이다.

지금 이들의 삶은 정반대가 되었다.

이승에서 화려하게 살던 목사와 신부는 지옥에 살고, 미지의 세계에서 어렵게 살면서도 이웃을 위해 살든 사람은 천국에 산다.

영혼세계는 한 치의 오차도 없으니 양심을 속이려들지 말고, 그 양심을 기록하고 있다는 사실을 기억해야 한다.

작은 것이라도 자비를 베풀면, 그것이 천국의 길이다.

영혼세계는 매우 단순하다. 선은 극락이요, 악은 지옥이므로 믿는 자도 자기 사랑은 지옥이요, 믿지 않는 자도 이웃 사랑은 천국이다. 자신만이 가지려고 집착하는 사람은 지옥이고, 나누어 가지려고 노력하는 자는 천국이다.

자기를 위해 살면 지옥이고, 이웃과 더불어 살면 천국이다. 극락과 지옥은 죽어서 이루는 것이 아니라 살아서 이룬다.

극락에 가려거든 자비를 베풀고 이웃을 사랑해야 한다.

한 골목에 살면서도 베풀지 않고 이웃에 살면서도 베풀지 않고 한 집에 살면서도 베풀지 않는 것은 지옥이다. 지옥이 따로 있느냐,

저승사자가 따로 있느냐, 악마가 따로 있느냐 하는 것은 자신의 행위이다.

우리는 하루에도 몇 번씩 극락과 지옥을 교차한다.

지금 마음이 즐거우면 극락이다. 극락에 가려거든 악을 버리고 선을 행하고 나누어 가지며, 자비를 베풀고 이웃을 사랑하면 살아서는 행복이요, 죽어서는 극락왕생하느니라.

예, 선생님. 잘 알았습니다.

극락과 지옥은 착하고 정직하게 자비를 베풀고 살든 사람들이 가는 곳이군요.

지장보살

수행하는 스님들이 안거(安居)에 들어가 공부를 하실 때 영혼을 위해 영가천도를 같이 베풀어 산 자와 죽은 자의 영혼을 구원하고 있다. 재가불자들은 스님들의 원력을 빌어 조상의 영혼과 자신을 구원하고 있다. 산 자의 구원 없이 죽은 자의 구원 없고 죽은 자의 구원 없이 산 자를 구원할 수 없다.

지장보살은 산 자와 죽은 자를 동시에 구원하고 있다.
지장보살은 미륵 부처님이 이 세상에 오시기 전까지 중생계를 구제하는 보살이다. 석가모니 부처님께서 열반하시고 미래의 미륵 부처님이 오실 때까지의 부처님이 아니 계시는 무불시대(無佛時代)에 원력을 펼치며 일체중생을 구제하는 보살로서 대승보살의 꽃이시다.

지장보살은 바라문의 딸로서 득도(得道)하여 어머니를 구제하였다. 지장보살은 득도하여 부처님께 "중생계의 육도 중생을 모두 구제한 뒤에 성불하겠습니다." 하는 큰 원을 발원하였다. 지장보살은 자신의 성불이 아니라 일체 중생들을 먼저 구원한다는 원을 세우시니 참으로 위대하신 보살로서 대승불교의 참 모습을 보이신 보살이다.

석가모니 부처님께서도 지장보살에게 어머니를 구원해 줄 것을 부탁하였다. 부처님의 원력이 모자라서가 아니라 아무리 깨달은 성자일지라도 부모와 자식 간은 만겁의 인연이라 부모 자식 간에 연민의 정이 쌓여 신실한 교화를 기대하기는 어려워서 지장보살에게 어머니를 부탁하였으니 지장보살은 산 자는 물론이요, 죽은 자를 구원하는 보살이다.

지장사상은 효행을 으뜸으로 하는 사상이다. 이 효행은 살아있는 부모에 대한 효행은 물론이요, 죽어 저승세계에 있는 부모에 대한 효행이기도 하다. 이 효의 사상은 전 인류를 충효사상으로 고취시키는 사상이기도 하다.

세계 인류의 복지를 위해 가장 모범이 될 수 있는 사상이라 할 수 있다. 그렇기 때문에 전 인류는 지장사상을 되살리고 있다. 오늘날처럼 자기만족에 도취되어 물질의 노예가 되어 살고 있는 이 시대에 효를 근본으로 삼고 가르치는 살아있는 교육이다.

지장보살은 미륵 부처님이 출현할 때까지 부처님이 안 계시는 무불시대(無佛時代)를 관장하는 보살이다. 미륵 부처님이 이 세상에

출현하신다는 연대는 약 56억 년 후에 오신다고 석가모니 부처님
께서 예언하셨다.

과학자들은 "50억 년 후에는 태양계의 수명을 다하고 분해된
다."고 하였다. 부처님의 예언이 과학자들이 예측하는 연대와 거
의 일치하니 참으로 신비롭지 않을 수 없다.

불교에서는 미륵 부처님을 미래의 부처라 말하고 있다.

미륵 부처님은 미래의 부처요, 마음의 부처이므로 언제나 우리
마음속에 있다.

예, 선생님. 지장보살은 산 자의 구원뿐만 아니라 영혼을 구원
하는 보살입니다. 지장보살은 자신은 성불하지 않고 일체중생을
먼저 구원하신다 하시니 참으로 자비로운 분입니다. 지장보살은
대승불교의 꽃입니다.

가족 상봉

불교에서 7월 백중은 천상세계나 중생계의 지옥문을 활짝 열어 영혼들이 가족을 만나는 날이라 했는데, 이에 대해 자세히 말씀해 주시기 바랍니다.

7월 백중은 천상(天上) 문을 활짝 열어 극락에 있든 지옥에 있든 허공에 떠도는 영혼이라 할지라도 영혼의 자유를 주는 날이다. 영혼이 자유롭게 가족을 만나고 친척을 만나고 친구를 만나서 회포를 푸는 날이다. 하지만 서로 말이 통하지 않고 얼굴도 보지 못하고 음성을 들을 수도 없다. 할 말도 많고 하소연도 많지만, 말을 할 수 없고 뜻을 전할 수도 없다.

나는 이승에서 살 때에 많은 죄를 지어 그 죄업으로 지금은 어느 지옥에 있다며 하소연을 하여도 말을 나눌 수가 없다. 아무리 외쳐도 뜻을 전할 수가 없다.

너희들은 살아있는 생명이요, 나는 죽은 영혼이다.

너희들이 나를 대신해서 내가 이승에 살면서 지어놓은 빚을 다 갚아주고, 너희들이 나를 위하여 부처님 전에 공양 한번 올려주면 나도 법문을 듣고 참회하고 용서를 빌어 그 공덕으로 나의 죄가 탕감되어 지옥을 벗어날 수 있다고 하소연을 하고 싶다.

내가 지은 죄업으로 일 년에 한 번씩 이 날이 아니면 사랑하는 가족들을 만나보지 못한다. 나는 지금 자유가 없다. 나를 좀 구해다오! 나를 좀 건져다오! 그래야만 너희들을 만날 수 있다.

죽은 자는 아무것도 할 수 없다. 혼자의 힘으로는 부처님께 공양을 올릴 수도 없고 스님들께 법문을 들을 수도 없다. 오직 살아 있는 가족에게 의지할 수밖에 없다.

너희들이 행하는 모든 행동이 곧 나의 행동과 일치하니 선업을 베풀어라. 너희들의 선업이 곧 나의 죄를 탕감하는 것이 되고 너희들에게는 복이 되고, 너희들의 악업이 나에게는 죄업이 되고 너희들은 죄를 짓는 것이니 살아생전에 선업을 베풀어라. 내가 죽은 날에 진수성찬을 차려놓고 제사를 지내고 절을 하는 것보다 너희들이 선업을 베풀 때 나는 좋은 곳에 갈 수 있다고 하소연을 하고 싶다.

이승의 선업이 너희들에게는 복이요, 나는 그 공덕으로 극락왕생한다. 내 미리 이와 같은 이치를 알지 못하고 이승에 살 때 살생을 하고 탐욕하고 성을 내고 질투하고 시기하고 욕하고 어리석은 마음으로 내 한 몸을 위하여 가지가지 악업을 지으며 살아온 인과응보이니, 나를 용서해다오 하고 아무리 외쳐도 알지 못하니 안타까운 일이다.

이승에서 살기 위해 악을 따르기는 쉬워도 선을 따르기는 어렵고 선을 따른다 해도 불법을 배우고 마음을 티 없이 맑고 깨끗이 하기는 더욱 어렵다.

선을 따르는 것은 업을 소멸하는 지름길이다. 이승의 선업이 저승에서는 재산이다. 너희들은 악업을 짓지 말고, 선업을 쌓아라. 자비를 베풀고 사랑을 나누고 마음을 나누고 보시를 실천하라.

이승에서는 거짓이 통하고 속임수가 통하고 권력이 통하고 재물이 통하고 물질이 통하는 세상이지만, 저승에서는 거짓이 없고 속일수도 없다. 속일 수 없기 때문에 내가 이승에 살면서 지은 죄업으로 심판을 받는다.

나는 이승에서 살 때 지은 죄업으로 심판을 받고 지금 지옥에서 고통을 받고 내가 지은 죄업으로 너희들도 고통을 받으니 모두 내가 만들어낸 허물이요 죄업이니 미안하고 부끄럽다. 나를 용서하고 너희들은 죄업을 짓지 마라. 죄업은 너를 죽이고 나를 죽이는 것을 잊지 마라.

오직 이승의 선업이 권력이요, 재산이요, 힘이니라. 이승에서 살아가는 너희들은 아무리 가난하고 거지의 생활을 할지라도 살아있는 생명이다.

살아있을 때 오욕을 끊고 자비를 베풀어라. 보시를 베풀어라. 선업을 행하라. 선업의 공덕으로 살아서는 행복을 얻고 죽어 극락왕생 할 것이니 선을 베풀어 공덕을 지어라. 선의 공덕으로 나는 지옥을 벗어나고 너희들은 한량없는 복을 받아 행복하리라.

7월 백중은 하늘에는 선신들이 땅에서는 스님들이 음력 4월 15일 결재하여 안거(安居)에 들어가 수행하다가 음력 7월 15일 백중에 수행을 마치고 해제하여 자유의 수행으로 돌아가는 날이다. 이런 좋은 날을 맞이해서 중생계의 모든 영혼들에게 자유를 주어 영혼의 죄업에 따라 심판을 받고 죄를 탕감하여 준다.

나라에서 경축 날이나 좋은 날에 죄수들을 그들의 죄업에 따라 특사의 자격으로 풀어 주는 원리와 같다. 이런 좋은 날 조상을 위해 부처님 전에 공양을 올리고 기도하는 가족이 있다면 더 많은 죄를 탕감 받아 좋은 곳에 태어난다.

잘 살기를 원하거든 영가천도를 베풀어야 한다. 후손들의 공덕으로 조상들은 극락왕생하여 영원한 영생을 얻을 것이요, 그대들은 한량없는 복을 받는다.

예, 선생님 말씀 듣고 보니, 7월 백중은 불교에서는 큰 명절입니다. 살아 있는 생명뿐만 아니라 영혼세계에 있는 영혼이 자유입니다.

영가천도

❝ 불교에서는 영혼을 좋은 곳으로 인도하기 위해 7월 백중날 법을 베풀어 영가천도를 하고 있습니다. 영가천도로 영혼이 구원받을 수 있습니까? ❞

❝ 영가천도(靈駕薦道)는 죽은 영혼을 구원하는 의식이요, 행사이다. 이 의식은 여러 방법이 있다. 사람이 죽으면 먼저 장례를 치르기 전 기도가 있고, 장례를 치른 후 7일마다 지내주는 49재가 있고, 7월 백중처럼 동참기도가 있고, 개인들이 조상을 위해 하는 영가천도가 있다. ❞

영혼의 구원은 명부전(冥府殿)의 지장보살과 10왕들이 담당하고 있다. 명부전에는 지장보살 좌우로 10왕이 있다.

10왕들은 중생들의 죄업과 형벌을 관장하는 왕이다.

10왕들은 본래 부처로서 지옥 중생들을 다스리기 위해 임시로 다른 이름을 가지게 되었다. 이 왕들이 일주일 단위로 자신의 전문분야에 따라 영혼들을 조사하여 49일이 되는 날 영혼의 죄업에 따라 죄업을 심판하고 심판의 기준에 따라 육도의 길을 따라 윤회를 한다고 하였다.

1주는 도산(刀山) 지옥의 광진대왕이요,

2주는 화탕(火湯) 지옥의 초간더왕이요,

3주는 한빙(寒氷) 지옥의 송재더왕이요,

4주는 검수(劍樹) 지옥의 오광대왕이요,

5주는 발설(拔舌) 지옥의 염라대왕이요,

6주는 독사(毒蛇) 지옥의 변성대왕이요,

7주는 잉쇄(剩碎) 지옥의 태산대왕이요,

100일은 해거(解鉅) 지옥의 평등대왕이요,

1주기는 철상(鐵床) 지옥의 도시대왕이요,

3주기는 흑암(黑暗) 지옥의 오도전륜대왕이다.

사람이 죽으면 영혼이 임시로 거처하는 곳이 중음(中陰)세계이다. 이곳에서 48일 동안 대기하고 있다가 49일이 되는 날 최종적으로 심판을 받고 자신의 업보에 따라 가게 된다.

7일마다 죄업에 따라 왕들에게 조사를 받는다.

죄의 기준은 살인, 도둑질, 간음, 악업 등으로 분류하고, 그 기준에 따라 왕들에게 세밀한 조사를 받고 조사한 기록을 49일이 되는 날 기록을 검토하여 그들의 죄업어 따라 최종적으로 염라대왕이 너는 지옥으로 가고 너는 극락으로 가고 너는 사람으로 태어나고 너는 축생으로 태어나라고 하는 심판이다.

영혼의 심판은 지금 돌아가신 영혼뿐만 아니라 오래 전에 돌아가신 영혼들에게도 1년에 한번씩 7월 백중을 통하여 심판을 다시 받는다.

7월 백중 기도에 동참하여 지극한 정성으로 영가천도를 하면 조상들의 영혼은 죄를 탕감 받아 좋은 곳에 갈 것이요, 그대들은 한

량없는 복을 받아 하는 일마다 잘 되고, 가는 곳마다 불보살들이
보호해 준다고 하였다.

　살아 있는 사람으로 말하면 검사들이 그들의 전문분야에 따라
죄인들에게 조사를 하고 판결은 판사들이 하는 원리와 같다.

　판결할 때 중간에서 구명운동을 하는 변호사가 있어 변론을 하
면 그 죄인의 죄가 조금 탕감되는 원리와 같다.

　7일마다 죄업을 조사할 때 재를 지내 주고 경을 읽어 주며 후손
들이 지극한 효행을 보여주면 영혼에 대한 변론이 되어 그 죄가
조금 탕감되어 최소한 지옥에는 가지 않는다는 것이 영가천도의
원리이니 선망 부모님의 영혼을 위해 지성으로 영가천도를 해야
한다. 그 공덕으로 조상들은 극락왕생하고, 조상들이 극락왕생하
면 그대들은 따라서 행복을 누린다.

　장엄한 염불 한마디 한마디의 구절 구절은 법문이다.

　경을 읽고 염불을 하고 북을 두드리고 종을 치고 목탁을 두드리
는 것은 단순히 소리를 내는 것이 아니라 우주 법계에 법음(法音)의
소리로 찬미한다.

　천상세계에 있는 영혼에게는 기쁨을 찬미하고, 허공에 떠도는
영혼들에게는 위로하는 법문이다.

　이런 뜻에서 영가천도를 하는 것이다. 영가천도는 나만을 위하
고 영혼만을 위하는 행사가 아니라 우리 모두를 위하는 행사이니
조상의 영혼을 위해 지성으로 영가천도를 해야 한다. 지성이면 감
천이라 했으니 선신들이 감복하여 조상들의 죄를 탕감 받는다. 죄
를 탕감 받아야 좋은 곳에 갈 수 있고 복을 많이 지어야 좋은 곳에
갈 수 있다.

영가천도를 할 때는 의심하련 안 된다.

진솔한 마음으로 나를 위함이 아니라 조상을 위해서 진솔한 마음으로 일체감을 이루어야 한다. 재를 주재하는 법사의 마음과 재를 올리는 나의 마음과 재를 받는 영혼이 삼위일체가 되어 한 마음으로 정성을 드리는 그 순간, 찰나에 영가천도가 된다는 사실을 믿고 정성을 다해야 한다. 영가천도는 부모님의 영혼이 옆에 계시는 듯이 지극한 마음으로 정성을 다할 때 이루어진다.

중국 송나라 때 딸이 죽은 지 몇 년이 되도록 돈이 없어 영가천도를 하지 못함을 한스럽게 여기다가 자신의 머리카락을 잘라 팔아 돈 600원을 만들어 영가천도를 해주려고 했으나 돈이 적어서 큰 절에는 가지 못하고 괴로워하고 있을 때, 마침 승려 5인이 대문 앞을 지나가므로 그 승려들에게 부탁하여 영가천도를 베풀어 주었다. 재를 회향하고 승려들이 길을 가다가 4인의 옛 친구를 만나 주점에 들어가 술을 마시려는 순간 이때 문밖에서 여자의 소리가 들려 왔다.

"경 읽은 스님은 술을 마시지 마시오."

스님이 "누구냐" 하고 물었더니, "나는 스님이 《금강경》을 읽어 주었던 집주인의 딸로서 오랫동안 어두운 곳에 빠져 있다가 스님의 독경 공덕으로 죄업을 벗고 나오게 되었는데, 스님이 만약 술을 먹어 재를 파하면 나는 어두운 세계를 벗어날 수 없습니다." 하고 사라졌다. 그 소리를 들은 스님들은 그 이후 큰 깨달음을 얻어 선지식이 되었다.

영가천도는 삼위일체의 지극한 정성이 있어야 한다.

어머니는 딸에게 영가천도를 베풀어 주기 위해 머리카락을 잘라 돈을 마련하여 재를 지내주었고 스님들은 지극한 정성으로 경을 읽어 주었고 재를 받는 딸의 영혼은 정성을 다해 법문을 듣고 참회하고 해탈하여 마침내 지옥을 벗어나게 되었다.

이때 재를 지내주는 어머니나 경을 읽는 법사나 재를 받는 영혼 중에 어느 한 사람이라도 정성이 없었다면 딸의 영혼은 어두운 세계를 벗어나지 못했을 것이다.

우리 모두 어머니가 딸에게 베풀어 준 정성처럼 조상의 영혼들께 지극한 정성으로 영가천도를 베풀어 주면 딸이 어두운 세계에서 벗어나듯이 조상들의 영혼들도 어두운 지옥을 벗어나 좋은 곳에 태어나고 그대들은 그 공덕으로 모든 소원을 다 이룰 것이니 영가천도는 형식적인 계율이나 의식에 의해 이루어지는 것이 아니라 정성으로 이루어지는 것이다.

"사람은 윤리로 다스리고 귀신은 경문으로 다스린다."고 하였다. 영가천도를 할 때는 조상의 영혼들이 옆에 계시는 것처럼 지성으로 해야 한다. 영가천도는 의식으로 이루어지는 것이 아니라 정성으로 이루어진다.

영가천도는 영혼의 구원을 위해 하는 행사이다.

이 영가천도는 한번으로 끝나는 것이 아니라 많이 베풀어 줄수록 좋다. 그 이유는 업장이 많은 영혼은 한두 번으로 업장이 다 소멸되지 않으므로 많이 베풀어줄수록 좋다.

영가천도를 베풀어 주어도 좋은 곳에 가지 못하고 허공에 떠도는 영혼은 살아생전에 많은 원한이 있었거나 빚을 갚지 못하고 죽었거나 죽는 순간 정상적으로 죽지 못하고 비명에 죽은 영혼들이다.

영혼이 좋은 곳에 가지 못하고 허공에 떠도는 영혼은 악령들이 집안 식구들을 괴롭혀도 막지 못한다. 밤마다 악몽에 시달리고 집안에 하는 일마다 재앙이 따르고 집안이 늘 근심, 걱정이 떠나지 않는다.

이런 영혼들은 한이 맺혀 좋은 곳에 가지 못하고 오직 한을 풀겠다는 일념으로 선신들은 멀리하고 악신들과 어울려서 힘을 쓰지 못하기 때문이다.

이승에서 불량배들이 그들끼리는 잘 어울리지만, 지체 높은 사람들이 사회질서를 바로잡기 위해 노력하는 사람들 앞에서는 힘을 쓰지 못하는 것과 같다.

죽은 영혼이 저승에서 고통 받는 영혼들에게 필요한 것이 영가천도이다. 영가천도를 베풀어서 그 영혼을 좋은 곳으로 보내주면 악몽과 재앙이 사라진다.

인도 힌두교인들은 갠지스 강물이 성스러운 성수라 하여 그 강물에 목욕하면 해탈이 되어 죽어 좋은 곳에 태어난다는 풍습이 있어 갠지스 강물에 목욕 한 번 하는 것이 소원이라고 했다.

법왕께서 이를 보고 "만약 갠지스 강물에 목욕하여 극락왕생한다면 그 물에 사는 물고기, 거북이는 모두 극락왕생하겠구나." 하고 비판하신 바 있다.

영가천도는 어떤 의식이나 요식에 의해서 이루어지는 것이 아니라 마음을 다 비우고 지극한 정성으로 할 때 이루어진다. 조상들의 영혼은 죄가 탕감되어 좋은 곳에 태어나고, 그대들은 한량없는 복을 받아 행복을 누릴 것이다.

사람마다 행복의 기준은 여러 가지가 있겠지만, 돈이 전부는 아니다. 돈이 아무리 많아도 집안에 재앙이 있고 가족이 화목하지 못하면 그 가정은 불행한 가정이요, 돈이 좀 부족해도 재앙이 없고 건강한 몸으로 가족이 화목하면 그 가정은 행복한 가정이다. 화목이 없으면 그 가정은 불행한 가정이요, 화목이 있으면 그 가정은 행복하다.

사람이 잘 살려고 하는 것은 누구나 바라는 소원이요, 다 같은 생각이다. 건강하고 부를 이루고 가족이 화목하고 자손들이 잘 되려면 영가천도를 베풀어 주어야 한다.

먼저 조상들이 편안해야 집안이 편안하다. 영가천도는 조상을 위하고 나를 위하고 후손을 위한 행사이다. 후손들의 정성으로 조상들은 죄를 탕감 받아 좋은 곳에 태어나고 그대들은 한량없는 복을 받아 영원한 행복을 누릴 것이다.

<blockquote>
살아 행복이 죽어 행복하고,
살아 구원이 죽어 구원받고,
살아 극락이 죽어 극락이다.
</blockquote>

죽어 극락이 아니라 살아 극락이다. 죽어 극락에 가려거든 마음을 비우고, 자비를 베풀고 물질을 나누고 정을 나누고 마음을 나누고 자기 사랑이 아니라 이웃을 사랑해야 한다. 그러면 살아서도 구원받고 죽어서도 구원 받는다.

지금까지 아직 구원받지 못한 사람들이 있거든 참회하라.
참회하고 실천을 행하면 구원받는다.
선은 구원받고 악은 구원받지 못한다. 자기 사랑은 구원받지 못하고 이웃 사랑은 구원받는다.

우리가 분명하게 알아야 할 것은 산 자의 구원 없이 죽은 자의 구원은 없다. 구원은 자비의 실천이다. 사랑·윤리·정의를 실천하는 일이다. 자비는 법왕의 가르침이다. 누가 법왕의 가르침을 실천하느냐이다.

법복을 입은 수행인들이 용맹정진을 하고 목탁을 치고 염불을 하고 경을 읽어도 자비의 실천이 없으면 구원받지 못할 것이요, 재가불자들이 절에 가서 밤을 새고 기도를 하며 관세음보살을 아무리 외쳐도 자비의 실천이 없으면 구원받지 못한다.

자비가 없고 입으로 믿는 것은 수행인이든 재가불자든 모두 가짜다. 법왕의 입멸 이후 수많은 선지식들이 자비를 실천하여 구원받았으니 의심하지 마라. 자비를 실천하면 구원받을 것이다.

선재는 우리가 떠난 뒤에라도 게으름 부리지 말고 불법을 실천하여 자비를 베풀고 이웃을 사랑하라. 이웃을 사랑할 때 자신도 구원받고 이웃도 구원하니 의심하지 마라.

선재, 자네 어머니와 나는 저승사자들이 부르면 언제든지 가야 하니, 불법을 실천하여 자신도 구원하고 이웃을 구원하면 우리도 마음 놓고 편안히 눈을 감고 갈 것이니 게으름 부리지 마라.

예, 선생님 말씀 명심하겠습니다.

우리는 시작인데, 어머니와 선생님은 가신다 하시니 슬픕니다. 어머니와 선생님은 좋은 일을 많이 하셨으니 가실 때 편안하게 가실 것입니다.

법문을 들은 지도 벌써 1년이 지났다.

그동안 우리 집은 경사가 났다. 어머니가 그렇게도 기다리던 아들을 낳았다. 결혼 5년만이다. 집사람과 나는 어머니의 소원을 풀어드렸다. 어머니는 절에 가는 발걸음이 빨라졌다.

법왕께 감사의 기도를 하기 위해서다. 3대 독자 외아들이 아들을 낳으니 어머니의 마음은 천하를 다 얻은 기쁨이다. 대를 이어줄 손자를 얻었으니 감사할 뿐이다.

어머니뿐만 아니라 주위에 계시는 모든 분들이 축하해 주었다. 나는 선생님께 법문을 듣는 동안 아들까지 얻으니 참으로 경사가 아닐 수 없다. 이거야말로 탄생의 기쁨이요, 영광이다. 참으로 어머니 은혜에 감사하고, 법왕의 은혜에 감사하고, 선생님 은혜에 감사합니다.

선생님은 저의 무명으로 가려 있는 마음의 눈을 뜨게 해주었습니다. 그 은혜에 보답하는 길은 사람으로 태어났으니 사람답게 사는 것이 은혜를 갚는 길이라 생각합니다.

선은 가까이 하고 악은 멀리하여 자비를 실천하는 것이 어머니와 선생님께 은혜를 보답하는 길입니다.

선생님 저희들은 선생님이 이승을 떠나실 때까지 선생님을 의지하고 다니면서 법문을 듣겠습니다. 저희들이 언제든지 찾아가도 거두어 주시기 바랍니다.

지금까지 법문 감사했습니다. 지금까지 말씀하신 법문에 대해 정리를 해주시면 고맙겠습니다.

사람은 구원받기 위해 종교를 믿었다.

신앙생활을 하는 사람들은 어느 종교를 믿든 사랑이란 배를 타

고 있다. 자비와 사랑이라는 배를 타고 자기 사랑이 아니라 이웃을 사랑으로 구원받을 수 있다

법왕의 법은 해독제처럼 중생들의 번뇌의 독을 해독하고 약초처럼 중생들의 번뇌를 치료하고 물처럼 중생들의 번뇌의 때를 씻어내고 배처럼 중생들의 윤회의 강을 건너게 하고 자비의 비를 내려 중생들의 마음에 자비의 싹이 자라게 하고 스승처럼 중생들에게 선을 가르쳐주셨다.

법왕은 좋은 의사와 같아서 그 병에 알맞은 약을 주었지만, 약을 먹지 않는 것은 의사의 잘못이 아니라 약을 먹지 않는 병자의 잘못이니 법왕이 내리신 약을 먹고 아니 먹고는 그대들의 마음에 달려있으니 약을 잘 먹고 마음의 병을 치료하여 자유를 누리라는 것이다.

사람은 동물의 '범주' 속에 살고 있으므로 사는 데 목적이 있다. 이 세상에 어느 누구도 타(他)를 위해 사는 사람은 아무도 없다. 아무도 죽음을 대신할 수 없고 삶도 대신해 줄 수 없다. 대신할 수 없으므로 자신의 삶이다.

자신을 위해 살 수밖에 없다면 정직하고 선하게 살아야 한다. 정직하고 선하게 살기 위해서는 자비와 사랑이라는 진리를 인식해야 한다. "이웃을 사랑하라." 이 사랑의 진리가 확산될 때 인류의 편견은 사라지고 화목의 조화로 인간성이 회복되어 인류가 염원하는 인간의 동질성이 회복된다.

지금 우리 사회는 어느 때 보다도 혼란스럽다.

종교·정치·사회 어느 한 곳도 사랑의 진리로 흐르는 곳은 한 곳도 없다. 혼란과 분열, 갈등 속에서 서로를 믿지 못하고 모두 아전

인수(我田引水)이다.

모두 자신의 이익을 위해 이기적이다.

"군자는 의리에 밝고 소인은 이익에 밝다."

지금의 세상은 군자는 없고 소인배의 삶이다.

자신의 이익을 위해 광대 줄타기처럼 모두 아슬아슬하게 살고 있다. 혼란과 분열, 갈등 속에 살고 있다.

오늘날처럼 혼란한 때에 성현(聖賢)의 출현이 없어 종교마저 없었다면 이 세상은 그야말로 아수라장이 되어 인간의 평화로운 생존은 기대할 수 없었을 것이다.

성현의 출현이 없어 업을 소멸할 줄 모르고 참회할 줄 모르고 각자 자신의 욕망을 채우려한다면 그야말로 아수라장이 되었을 것이니 법왕의 은혜에 감사해야 한다.

진리는 하나이다.

진리는 이성의 근본으로서 사랑·윤리·정의이다.

자비심을 내어 나누어주는 것이요, 법을 베풀어 주는 것이요, 마음을 나누어 주는 것이요, 주지 않는 것은 갖지 않는 것이요, 양심을 속이지 않고 양심대로 사는 것이 진리이다. 이웃을 사랑하고 자비를 베풀고 악을 버리고 선을 따르는 것이 진리이다.

진리에 의지하고 법에 의지하고 양심에 의지하고 양심대로 사는 것이 구원받는 길이다. 양심을 찾아 비양심으로 위장한 가면을 벗어야 구원받는다. 가면을 벗고 자비를 실천해야 한다. 자비가 없는 믿음은 진리도 아니요, 깨달음도 아니다. 바르게 믿는 것은 자비의 실천이다. 자비를 실천할 때 살아서도 구원받고 죽어서도 구원받는다.

인간성 회복은 자비의 실천이다. 인간성 회복은 지식만으로는 부족하다. 사랑·윤리·정의가 회복되어야 인간성이 회복된다.

지식으로 인간성을 회복하는 것은 윤리의 미완성이요, 사랑·윤리·정의로 인간성을 회복하는 것은 윤리의 완성이다. 학문을 아무리 많이 배운 사람이라 할지라도 윤리의 미완성은 인간성의 미완성이요, 비록 학문을 많이 배우지 못한 사람이라 할지라도 윤리의 완성은 인간성의 완성이다.

시계는 없어도 시간은 돌고 있다.

구름은 늘 한곳에 머물지 않고 달이 늘 둥근 것도 아니다. 돈이 있다고 하여 자랑하지 말고 돈이 없다고 하여 괴로워하지 마라. 돈은 있다가도 없어지고 덕은 영원하다. 덕은 무엇보다 큰 재산이다.

잘 사는 것은 돈이 아니라 덕으로 산다. 덕으로 살기 위해 사람으로 태어났다. 돈과 물질은 행복의 조건은 될 수 있어도 그것이 완전한 행복은 아니다.

잘 살기 위해서는 서로 나누어 가져야 한다.

보시는 값이 없는 보배이다. 값이 있는 보배는 아무리 많아도 없어질 날이 있고 값이 없는 보배는 아무리 써도 없어지지 않으므로 보배이다. 티 없이 맑고 깨끗한 양심을 찾아 양심대로 사는 것이 잘 사는 길이다.

행복하기를 원하거든 먼 곳에서 찾지 말고, 자신의 양심대로 살아야 한다. 근심, 걱정, 괴로움은 사라지고, 오고가는 데 걸림 없는 자유를 얻을 수 있다.

맑고 깨끗한 양심을 찾아 물같이 바람같이 순리대로 사는 것이 잘 사는 길이요, 영원히 사는 길이다. 그때에 태어나는 일도 없고 죽는 일도 없어 영원히 구원받을 것이다.

신은 정말 공평하시다.

선재, 자네 어머니와 나는 가야 하고 자네들은 새 생명을 얻었으니 모두가 인연이로다. 하나가 오면 하나가 가고 하나가 가면 하나가 오니 신의 섭리에 감사하라.

선재, 자네 부부는 좋은 인연이 되어 아들까지 얻었으니 불연의 공덕을 잊지 마라.

탄생의 영광을 한 몸에 받고 사람으로 태어났으니 자비의 실천으로 사람답게 살아 자기 사랑이 아니라 이웃을 사랑하고 사랑·윤리·정의의 실천으로 자신도 구원하고 남도 구원하라. 그러면 불보살의 보호 아래 영원한 행복을 누릴 것이다.